Werner Tiki Küstenmacher

DU HAST ES IN
DER HAND!

*Fünf einfache Rituale
für ein glücklicheres Leben*

Inhalt

Ein Wort zuvor

Zwei Wochen nach dem Anschlag vom 11. September 2001 erschien mein Buch *simplify your life*. Es kam in einer Zeit, in der viele Menschen sehr nachdenklich geworden waren. »Mit was für Kleinkram vertue ich meine Lebenszeit?«, dachte so mancher, und das genial einfache Wort »simplify« enthielt eine wunderbare Verheißung: »Ja, ich kann es mir einfacher machen. Ich kann den Kleinkram loswerden. Ich gewinne Zeit und Energie für die wirklich wichtigen Themen.«

Der enorme Erfolg des Buches lag wohl mit Sicherheit auch daran, dass sich dieses positive Gefühl durch alle Seiten zog. »Es ist möglich«, stand da zwischen den Zeilen, »du kannst es« und »selbst der kleinste Schritt bringt dich weiter«.

Diesen Grundton werden Sie – so hoffe ich – auch in dem vorliegenden Buch hören. Es ist in mehrfacher Hinsicht eine Weiterentwicklung und Ergänzung von *simplify your life*. Denn ein Problem behindert das Vereinfachen des alltäglichen Lebens ganz besonders: Im Gewühl des normalen Wahnsinns denken Sie einfach nicht mehr daran. Sie vergessen, dass es einen Ausweg gibt.

Wenn es doch ein Zeichen gäbe, dachte ich mir manchmal, einen ganz einfachen Aufhänger für die wichtigsten Methoden, um sich von Belastungen nicht unterkriegen zu lassen. Und dann – with a little help from Ulrich Ehrlenspiel vom Verlag Gräfe & Unzer – kam ich drauf: Wenn es gelänge, die wichtigsten Vereinfachungsmethoden zu konzentrieren auf fünf Rituale und Themen, dann könnte man sie sich jederzeit an den eigenen fünf Fingern ins Bewusstsein rufen.

Sehen Sie sich in besonders stressigen Situationen Ihre fünf Finger an – die haben Sie immer zur Hand. Sie stehen für einen erprobten Mix von Maßnahmen, der Ihre gesamte Persönlichkeit umfasst: Ihre Umgebung, Ihren Körper, Ihre Gedanken, Ihre Gefühle und Ihre Spiritualität.

Suchen Sie sich einen dieser Finger aus, oder gehen Sie alle fünf der Reihe nach durch.

Jeder Finger steht für einen Themenbereich und ein kleines Ritual, mit dem Sie wieder herausfinden können aus einer aktuellen Belastung, oder mit dem Sie Kraft tanken für die vor Ihnen liegenden Herausforderungen. Gut geeignet ist die Fünf-Finger-Methode auch, um nach des Tages Last und Mühen zur Ruhe zu kommen.

Die Hand als Meditationshilfe hat eine lange Tradition – in vielen Religionen. Ein besonders ausgeklügeltes System ist der Handpsalter des christlichen Mystikers Johannes Mombaer, der sich Mauburnus nannte (geboren um 1460 in Brüssel, gestorben 1501 in Paris). Er lieferte die geistliche Grundlage für die Idee mit der Hand als Erinnerungshelfer. Meine Fünf-Finger-Methode hat also einen guten Hintergrund in der Tradition christlicher Spiritualität – auch wenn sie weltanschaulich neutral gehalten ist.

Kurzum: Die Fünf-Finger-Methode ist das perfekte Programm, um auch in wilden Zeiten und bei heftigen Beanspruchungen froh und gelassen zu bleiben. Sie können Hektik, negativen Stress und Burnout schon im Vorfeld vermeiden. In den fünf Themen der einzelnen Finger finden Sie den Extrakt der simplify-Idee zusammengefasst in leicht verdaulicher und jederzeit umsetzbarer Form.

Also dann: Packen Sie's an! Ich wünsche Ihnen gutes Gelingen

Ihr Werner Tiki Küstenmacher

Einleitung

Ein riesiges Schiff lässt sich mit einem
vergleichsweise winzigen Ruder steuern. So
ist das auch mit Ihrem Leben: Sie können es mit
verblüffend geringen Veränderungen in eine
neue Richtung bringen – einer glücklichen und
erfüllten Zukunft entgegen.

Vorbild Schmetterling: So werden Sie ein neuer Mensch

Tägliche Rituale werden noch wirksamer, wenn sie verbunden werden mit einem starken und eindrucksvollen Bild. Prägnante, einfache Metaphern aus der Natur haben sich besonders bewährt.

Auf dem Cover und in einigen Illustrationen dieses Buchs habe ich einen Schmetterling gezeichnet. Ich liebe diese wundervollsten aller Insekten, weil sie eins der schönsten Symbole der Natur für Verwandlung sind.

Wenn sich eine Raupe verpuppt, dachte ich früher, wachsen im Kokon Flügel, Beine und Fühler an den Raupenkörper. Immerhin sieht der Mittelteil eines Schmetterlings noch raupenähnlich aus. Doch so ist es nicht. Eine Raupe häutet sich in ihrer Puppe und löst sich darin erst einmal völlig auf.

Würden Sie eine Schmetterlingspuppe im frühen Stadium aufschneiden, liefe eine durchsichtige, klebrige Masse heraus. Aber in dieser Raupensuppe befinden sich soge-nannte Imago-Zellen, in denen das Bild des vollständigen Schmetterlings enthalten ist. Nach diesem Bild formt sich nach und nach der komplette Körper des Insekts mit Flügeln und Beinen.

Menschen haben es besser

Ein Schmetterling, so könnte man sagen, ist »der Engel einer toten Raupe«. Auch wir Men-schen können uns verwandeln, nicht körper-lich, sondern im geistigen und seelischen Sinne. Und wir können es nicht nur einmal wie die Schmetterlinge, sondern glücklicher-weise mehrmals im Leben.

Vom typischen Verwandlungszyklus der Raupe können wir einiges lernen für unsere ganz persönlichen Veränderungsprozesse – vom Messie zum organisierten Arbeiter, vom Pummelchen zu einem schlanken Körper, vom unzufriedenen Angestellten zu einem motivierten Selbstständigen.

Phase 1: Auflösung

Jede tief greifende Veränderung beginnt mit einem schrecklichen Vorgang: Sie verlieren Ihre Identität und Form. Es fühlt sich an, als ob alles um Sie herum zerfällt, als ob Sie alle und alles verlieren.

Diese Selbstauflösung fühlt sich an wie der Tod – weil es in der Tat der Tod Ihrer bisherigen Person ist.

Aber trösten Sie sich: Sie werden es garantiert überleben. Denn Sie haben absolut keine Wahl.

Viele »primitive« Kulturen haben Rituale, um die Kunst der Selbstauflösung zu erler-nen. Jugendliche werden während ihrer Pu-bertät von den anderen abgesondert, malen sich ihre Gesichter schwarz, bekommen neue Namen und eine neue Identität verliehen. Die Älteren lehren die Jüngeren, wie sich der kleine Tod der Veränderung anfühlt.

Wir haben eine solche Vorbereitung nicht. Deshalb reagieren wir auf Veränderungen meist mit panischer Angst.

Phase 2: Imagination

Ganz allmählich und von selbst werden ir-gendwann in Ihrer Seele Bilder auftauchen, wie Ihre Zukunft konkret aussehen könnte. Solche Bilder lassen sich nicht erzwingen – Sie müssen die Bilder zu sich kommen lassen.

Erlauben Sie sich, von dieser neuen Zu-kunft zu träumen. Ohne Grenzen, ohne Re-geln, ohne Bedenken. Probieren Sie neue Szenarios aus, bis Sie eine klare Vorstellung

EIN GUTER RAT

Leben Sie während einer Auflösungsphase von einem Tag auf den nächsten, von einer Viertelstunde auf die andere. Konzentrieren Sie sich nicht auf Ihre Hoffnungen und Befürchtungen in Sachen Zukunft, nicht auf Ihre Vergangenheit, sondern auf das, was gerade passiert. Leben Sie ganz für den Moment. Erlauben Sie sich, zu trauern über das, was Sie verlieren. All das klingt sehr passiv, und so ist diese Phase der Auflösung auch: Tun können Sie jetzt nichts.

Wenn Sie einen geliebten Menschen oder Ihre Arbeitsstelle verloren haben, wenn eine große Hoffnung zerstört wurde, bleiben Sie erst einmal in Ihrem Kokon. So dunkel und traurig es dort drinnen ist, es ist auch ein guter, geschützter Ort für Ihre Seele.

von Ihren wirklichen Zielen haben. Sparen Sie sich Zeit und Geld, indem Sie etwas erst in Gedanken erbauen, bevor Sie es im wirklichen Leben umsetzen.

Phase 3: Transformation

In dieser Phase sind Sie angelangt, wenn es Sie in den Fingern juckt, endlich etwas zu tun. Sie sind motiviert, richtiges leibhaftiges, neues Leben zu bauen. Und dann – Trommelwirbel – scheitern Sie. Immer und immer wieder. Denn es dauert meist viel länger als erhofft, bis Sie das Schmetterlingsstadium wirklich erreicht haben.

Es ist ein Weg durch alle fünf Finger: von kleinen Fluchten über Loslassen, Sich-Sammeln und dem Finden von neuen Zielen bis endlich, endlich hin zum Handeln.

Phase 4: Fliegen

Wenn Sie das große Ziel endlich erreicht haben, wird es sich als etwas Wunderbares erweisen. Sie schälen sich mühsam aus Ihrem Kokon heraus und warten, dass sich Ihre feuchten, noch zerknitterten Flügel in der Sonne entfalten.

Lassen Sie sich Zeit. Sie allein bestimmen die richtige Geschwindigkeit. Ein Schmetterling hat eine höhere Lebenserwartung, wenn

In Tibet gibt es ein Sprichwort:
»Was die Raupe das Ende der Welt nennt, nennt der Meister einen Schmetterling.«

er beim Verlassen der Puppe geduldig die verbleibende Flüssigkeit in den feinen Gefäßen seiner Flügel vorsichtig herausdrückt und in der Sonne wartet, bis alles trocken ist. Schenken Sie sich Raum für Dankbarkeit und Ruhe. Verbessern Sie Ihr Leben in kleinen Schritten. Machen Sie sich gefasst auf weitere Transformationen in Ihrem Leben. Sie werden sich – glücklicherweise – noch öfter verwandeln.

Was sind Rituale?

Um dauerhaft etwas Wichtiges im eigenen Alltag zu verankern, bedienen sich die Menschen seit Tausenden von Jahren einem genial einfachen Hilfsmittel.

Das möchte ich in meinem Leben jetzt anders machen! Vielleicht erwacht während der Lektüre des Buchs in Ihnen dieser Wunsch. Sie möchten beispielsweise Ihren Arbeitstag nicht mit dem nervigen Kleinkram starten, sondern mit einer anspruchsvollen Aufgabe, die Sie zufriedener macht. Oder Sie träumen von einem dauerhaft ordentlichen Arbeitsplatz. Oder Sie wollen Ihre Partnerschaft harmonischer gestalten, weniger streiten und einen liebevolleren Blick auf Ihren Partner gewinnen. Oder Sie wollen sich gesünder ernähren und Gewicht verlieren. Oder irgendetwas anderes tun, das Ihnen am Herzen liegt.

Solche guten Vorsätze klappen manchmal auf Anhieb, aber lange halten es nur die wenigsten Menschen durch. Erst wenn Sie eine neue Art des Handelns 21 Tage, also drei Wochen, lang ununterbrochen ausführen, kann daraus eine Gewohnheit werden. Der Unternehmens-Coach Jörg Weisner schreibt in seinem Buch »Vergiss Selbstdisziplin«, dass

*Ein Ritual ist sozusagen das Gehäuse
eines Verhaltens, die - möglichst schöne -
Karosserie um einen neuen Motor
in Ihrem Leben.*

Wiederholung wichtiger sei als Wille. Nur durch rituell wiederkehrende Handlungen lassen sich neue Verhaltensweisen in unserem Unbewussten verankern. Wie das auch für Sie funktionieren kann, darum geht es in diesem Buch.

Man kennt den Begriff Ritual vor allem aus der Religion. Das Taufritual etwa ist die äußere Handlung, mit der ein Mensch in die Gemeinschaft der Christen aufgenommen wird. Taufwasser und bestimmte Worte sind die Karosserie, der eigentliche Inhalt ist die Gemeinschaft des Menschen mit Gott und seinen Mitchristen. Wenn katholische Christen ein Kirchengebäude betreten, tauchen Sie den Finger in das kleine Wasserbecken am Eingang und befeuchten sich damit die Stirn – ein weiteres Ritual, mit dem sie sich an das vor längerer Zeit stattgefundene Ritual ihrer eigenen Taufe erinnern.

Es gibt auch jede Menge weltliche Rituale. Die meisten Menschen beginnen und been-

den ihren Tag rituell: Sie erledigen Zähneputzen, Duschen, Anziehen und all die anderen Tätigkeiten in der immer gleichen Reihenfolge. So wird nichts Wichtiges vergessen und sie müssen nicht jeden Morgen aufs Neue überlegen, was sie warum und in welcher Weise zu tun haben.

Der Handpsalter des Mauburnus

Johannes Mauburnus war Mönch, zuerst in einem Augustinerkloster bei Zwolle, dann in Windesheim und zuletzt in Nordfrankreich. Wie der berühmte Thomas von Kempen, mit dem er befreundet war, gehörte Mauburnus zu den Anhängern einer Protestbewegung gegen den damaligen, in frommem Formalismus erstarrten Kirchenbetrieb. Die »devotio moderna« fand im Europa des 15. Jahrhunderts viele Anhänger. Heute würde man vielleicht »Meditationsbewegung« dazu sagen, denn die »Modernen« wollten ein persönliches Verhältnis zur Spiritualität finden und sich von ihrem Glauben im Alltag bereichern lassen. Die Bewegung brachte viele Mystikerinnen und Mystiker hervor – Menschen, die innerlich begeistert waren von Gott und ihn direkt erfahren wollten.

Dazu erfanden sie immer neue Meditationstechniken und -hilfen, ganz ähnlich wie es heutzutage Zen-Kurse gibt, Entspannungstraining oder Atemübungen. Auch Martin Luther und später die Exerzitien des Jesuitengründers Ignatius von Loyola stehen in der Tradition der »devotio moderna«. Von Martin Luther wissen wir, dass er im Augustiner-Kloster in Erfurt den Handpsalter des Mauburnus zu meditieren gelernt hat – und dass er mystische Erfahrungen gemacht hat.

Finger statt Rosenkranz

Mauburnus entwickelte eine Methode, die er »Rosetum« nannte, eine Art Rosenkranzmeditation, die statt einer Kette mit Perlen die fünf Finger benutzte. Ähnliche Finger-Meditationen gibt es auch im Buddhismus. Sie waren in beiden Religionen ein wichtiges Hilfsmittel für die große Menge der Analphabeten. Wer sich das System einmal eingeprägt hatte, konnte auch ohne Buch die Versenkung üben und durch immer wiederholte Meditationsübungen spirituelle Fortschritte machen. Interessanterweise passt die Anordnung der einzelnen Meditationsstufen zur liturgischen Musik und zu den damaligen Tänzen, sodass sie manchmal als »geistliches Ballett« bezeichnet wurde.

Mauburnus lehrte, während der Versenkung jeweils den bestimmten Finger oder das Glied des Fingers mit den Fingern der anderen Hand zu drücken. Bei ihm hatte jedes der

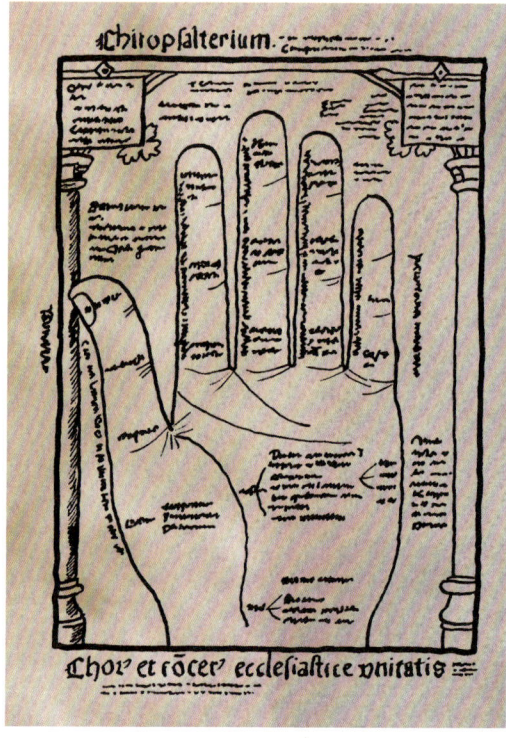

drei Glieder jedes Fingers eine eigene Bedeutung, insgesamt ergab das also 15 Meditationsstufen. Sie finden diese Bedeutungen am Anfang jedes Kapitels. Wenn Sie die Übungen dieses Buches in spiritueller Weise vertiefen wollen, sind die jeweiligen drei Mauburnus-Begriffe ein idealer Ausgangspunkt.

Alle fünf auf einen Blick

DIE GRUNDIDEE DER FÜNF-FINGER-METHODE

Wenn es Ihnen schlecht geht, Sie ein Problem haben, im Stress sind, in einer Streitsituation oder in was für einer misslichen Lage auch immer – denken Sie dann bloß an Ihre Hand und gehen Sie innerlich Ihre fünf Finger durch:

○ **Kleiner Finger – kleine Flucht.**
Bemühen Sie sich, der Situation für einen kurzen Moment zu entkommen: Indem Sie eine humorvolle Bemerkung machen, ins Freie gehen und nach oben blicken oder sich innerlich an einen anderen, einen schöneren Ort zurückziehen. Wichtig: Die Flucht darf nur klein sein. Sie sollen nicht dem Problem davonlaufen, sondern innerlich kurz Abstand gewinnen.

○ **Ringfinger – sich von etwas befreien.**
Werfen Sie etwas weg, räumen Sie etwas auf, schaffen Sie irgendeine äußerliche Ord-nung. Indem Sie etwas an Ihrer Außenwelt verbessern, tun Sie stets auch etwas Gutes für Ihre Innenwelt. Das kann auch etwas Nichtmaterielles sein: eine Verpflichtung, von der Sie dachten, sie sei sehr wichtig – aber jetzt, wenn Sie sie endlich losgelassen haben, fühlen Sie sich frei.

○ **Mittelfinger – die Mitte finden.**
Notfalls ganz wörtlich: Denken Sie an die Mitte Ihres Körpers. Tun Sie ein paar bewusste Atemzüge, empfinden Sie sich als Mitte der Welt und alles andere als Peripherie. In Krisensituationen ist Ihre Mitte draußen, ganz beim Problem, Sie kon-zentrieren sich auf den Mangel, die Sorge, den Konflikt. Der Mittelfinger lenkt Ihre Aufmerksamkeit zurück auf Sie selbst: Ihr Leben, Ihre Gesundheit, Ihren Frieden. Was auch immer geschieht – es bleibt Ihre freie Entscheidung, wie Sie sich dazu verhalten!

○ **Zeigefinger – das Ziel sehen.**
Wenn Sie die Ruhe Ihrer inneren Mitte wie-dergefunden haben, dürfen Sie dort aber nicht versinken. Jetzt geht es darum, einen Ausweg zu suchen. Planen Sie den nächs-ten Schritt, nicht viel mehr.

○ **Daumen – handeln und lieben.**
Tun Sie etwas. Selbst wenn es zunächst nur das Anspannen Ihrer Fußmuskeln ist. Handeln Sie. Machen Sie den geplanten nächsten Schritt.

Diese fünf einfachen Gedanken werden Sie schon nach wenig Übung in verblüffend kurzer Zeit durchscannen. Sie werden sehen: Es geht gut weiter. Es gibt keinen Grund, aufzugeben. Das Leben siegt.

Der kleine Finger: kleine Fluchten

- **Das Thema:** Unterscheidung zwischen Wichtigem und Unwichtigem

- **Das Grundritual:** Nach oben sehen

- **Die einfachsten Übungen:** Den Ort wechseln – in Gedanken oder tatsächlich nach draußen gehen unter freien Himmel; aus dem Fenster sehen und sich ein Stück vom Universum sichern.

- **Gute Sätze:** »Ich bin nicht allein.«
  »Ich bin ein wichtiger Teil eines wunderbaren Systems.«
  »Ich bekomme Hilfe.«

Die kritische Frage: Darf ich fliehen?

Flüchten oder kämpfen? Das ist angeblich die Urfrage, vor der seit Jahrmillionen jedes Lebewesen steht, wenn ihm Gefahr droht. Doch es gibt eine kluge Alternative zu panischem Davonlaufen und wütendem Spontanangriff: der clevere kleine Rückzug.

Wenn ich Menschen bitte, ihren Alltag zu beschreiben, kommen ihnen oft Bilder wie dieses in den Sinn: So vieles ist gleichzeitig zu tun, erfordert Aufmerksamkeit. Vielleicht kennen Sie das auch: Kaum haben Sie begonnen, die Utensilien für eine Reise zusammenzusuchen, klingelt das Telefon und der Anrufer verlangt von Ihnen, sich mit etwas ganz anderem zu befassen. Oder Sie haben sich endlich durchringen können, die Anfrage eines Kunden zu beantworten, da steht ein Kollege in der Tür und führt Sie auf eine neue Spur. Kaum befassen Sie sich mit einer Tätigkeit, klopft eine andere an. Während Sie an Ort A sind, denkt Ihr Gehirn schon an Ort B und bereitet sich vor auf Ort C.

Das ist eine Zeit lang ganz lustig. Wir Menschen können verblüffend vieles gleichzeitig im Kopf haben. Ein Computer kann mehrere Arbeiten, sogenannte Tasks, simultan ausführen. Zumindest erscheint das so. In Wirklichkeit ist solches Multitasking nur ein blitzschnelles Hin- und Herschalten zwischen mehreren Aufgaben. Einem elektronischen Schaltkreis ist das egal, für den menschlichen Geist aber bedeutet jedes Umschalten Anstrengung. Deswegen macht das irgendwann unzufrieden und eines Tages vielleicht sogar krank.

Ich liebe den Filmtitel »Kleine Fluchten«, ein Schweizer Film aus dem Jahr 1979. Er erzählt von Pipe, einem alten Mann, der sein Leben lang tagein, tagaus auf einem Bauernhof als Knecht gearbeitet hat. Von seinen ersten Altersrenten kauft er sich ein Moped, und dieses schlichte Vehikel erschließt ihm eine neue, ungeahnte Welt der Freiheit. Sie brauchen so ein Moped für Ihren Geist, ein Aussteigeritual für belastende Situationen. Es ist fast lebenswichtig, dass Sie so etwas parat haben.

Sie müssen nicht im Chaos des Multitasking versinken. Das klingt für Sie momentan vielleicht banal, aber mitten in Stress und Hektik halten viele Menschen das für undurchführbar. Denn Multitasking kann ein sehr süßer Schmerz sein. Es fühlt sich viel zu lange viel zu gut an, von vielen und vielem gleichzeitig beansprucht zu sein. »Burnout erwischt nur die Guten«, lautet eine gängige Erkenntnis, doch viel zu wenige Menschen ziehen daraus den gesundheitsrettenden Umkehrschluss: Seien Sie nicht so gut! Verpassen Sie einmal etwas! Lassen Sie etwas

DER KLEINE FINGER IM HANDPSALTER DES MAUBURNUS:

Die Empfindung und Anrufung der göttlichen Barmherzigkeit. Die Fingerspitze und das erste Fingerglied stehen für die Fürbitte, also das Gebet für andere. Das mittlere Glied bezeichnet das Gebet, das in der eigenen Mitte stattfindet und das sich mit Gott verbinden möchte. Das dritte Glied ist verbunden mit der »flehentlichen Anrufung«, dem wortlosen, sehnsüchtigen Seufzen.

Das Generalthema des kleinen Fingers lautet: »Geh raus aus dir selbst!« »Verlasse die Situation, in der du gerade feststeckst!« oder noch einmal vereinfacht: »Sieh nach oben!«

aus! Schwingen Sie sich auf Ihr geistiges Moped für eine kleine Flucht vor den Pflichten des ewig Ihre Anwesenheit fordernden Gutshofs!

Blicken Sie nach oben

Nutzen Sie die einfachste aller Entlastungsübungen: aufwärts sehen. Gewöhnen Sie sich an, im Freien immer wieder einmal zum Himmel zu schauen.

Es ist nicht entscheidend, ob Sie dort oben einen strahlend blauen Himmel, oder nur graue Wolken finden – denken Sie einfach einen Moment daran, wie wunderbar die Situation tatsächlich ist, in der Sie sich gerade befinden: Unter Ihnen ist der Erdball, 16 000 km Durchmesser, eine gewaltige Masse, durch deren alles durchdringende Anziehungskraft Sie sicher auf der Erde bleiben.

Ihr Heimatplanet ist eine großartig ausgestattete Insel im Weltall, die Sie beschützt und Ihnen Ihr Leben lang als Heimat dient. Diese Insel bringt Energie hervor, Luft, Wasser und Nahrung für bald neun Milliarden Menschen und unvorstellbare Mengen weiterer Lebewesen. Schon oft hat sich die Menschheit gesorgt, ob die Vorräte reichen werden, doch bisher hat die Natur noch immer eine Lösung gefunden.

Im Inneren der Erde muss es riesige glühende Eisenadern geben, die – geladen mit Unmengen elektrischer Energie – schraubenförmig rotieren und dadurch ein Magnetfeld erzeugen. Dieser Schutzschild bewahrt uns vor kosmischer Strahlung, etwa den extrem lebensfeindlichen Sonnenwinden. Ohne ihn hätte es niemals auch nur die primitivsten Formen von Leben auf unserem Globus geben können. Als die US-Astronauten in den Jahren 1968 bis 1972 zu ihren Flügen zum Mond aufbrachen, war das nur möglich, weil auf der Sonne während dieser Zeit keine größeren Stürme ausbrachen. Die kosmische Strahlung war es schließlich auch, die den Aufenthalt der insgesamt zwölf Mondbesucher auf jeweils wenige Tage beschränkte.

Daran soll Sie der kleine Finger erinnern: Ja, Sie dürfen fliehen! Sie dürfen sich persönlich in Sicherheit bringen, wenn es Ihnen zu viel wird.

»Das belastet mich«, sagen wir oft, und benutzen dabei ein aussagekräftiges Bild: Sie spüren eine Last auf sich, die unfrei macht, schmerzt und »bedrückt«. Eine Erfahrung, die ich immer wieder bestätigt bekam: Solange sie sich in einem geschlossenen Raum aufhielten, sagten mir Menschen, war dieses Gefühl stets schlimmer als im Freien.

Im Verhältnis zu dem, was über Ihnen ist, ist diese so grandios ausgestattete Erdkugel verschwindend klein. Denn gleich über Ihnen, geschützt nur durch eine hauchdünne Luftschicht, beginnt die vollkommen lebensfeindliche Unendlichkeit des Weltalls. Was sind Ihre Sorgen im Vergleich zu den gewaltigen Dimensionen des Universums, dem Sie so unmittelbar nah sind? Ihr kleiner Finger kann Sie immer wieder daran erinnern, so eine kleine Flucht zu wagen.

Erinnern Sie sich an Ihren Atem

Gönnen Sie sich dreimal pro Tag eine mindestens einminütige Totalpause. Stellen Sie sich ans Fenster, oder legen Sie sich auf den Boden und tun Sie nichts. Atmen Sie tief, langsam und genüsslich ein (bis sieben zählen), dann ebenso genüsslich aus und warten Sie mit leerer Lunge, bis der Drang zum nächsten Einatmen stark wird. Das entspannt immer, ganz egal wie grausam der Stress auch sein mag.

Einziges Problem: In der größten Hektik vergisst man meist, wie leicht es wäre, mit so einer Entspannungsübung wieder Herr oder Herrin der Dinge zu werden. Manchen Menschen hilft ein Zettel am PC-Bildschirm, auf dem »Atmen!« steht. Malen Sie am besten noch einen kleinen Finger dazu als Erinnerung an Ihr kleines Flucht-Ritual.

Wechseln Sie den Ort

Eine kleine Flucht ist ein guter Weg, um fertig zu werden mit Störungen und Unterbrechungen. Wenn Sie mit einer Aufgabe nicht weiterkommen – wechseln Sie den Ort! Manchmal hilft es schon, wenn Sie sich an die andere Seite des Tischs setzen. Gehen Sie in ein anderes Zimmer. Oder, noch besser, Sie suchen einen Ort auf, an dem Sie gern sind. Unternehmen Sie regelmäßig einen Spaziergang und finden Sie heraus, an welchen Stellen Sie innere Freude empfinden. Oft ist das zu spüren entlang eines Flusses. Selbst am kleinsten Bach ist durch das fließende Wasser eine Menge Materie in Bewegung, und dadurch empfangen wir Menschen eine schwer beschreibbare Art von Energie.

Energie kann auch von einem freien Feld oder einer Anhöhe kommen, von wo aus Sie einen weiten Blick haben. Stellen Sie sich probeweise einmal mit dem Gesicht nach Osten, wo die Sonne aufgeht. Denn natürlich geht die Sonne nicht auf, sondern die Erd-

kugel dreht sich ihr entgegen. Wenn Sie also nach Osten sehen, stehen Sie in Fahrtrichtung Erde. Sie blicken nach dort, wohin die Erde sich dreht.

Als kleiner Junge war ich fasziniert von einem Cartoon des französischen Zeichners Chaval. Da stand ein Mann mit leicht wehenden Haaren und versonnenem Blick, darunter die Bildunterschrift »Mann mit der Fähigkeit, die Umdrehung der Erde zu empfinden.« Eine hübsche Idee, finde ich bis heute, und manchmal gelingt mir dieses Kunststück einen herrlichen kurzen Augenblick lang.

Bauen Sie sich eine Fantasie-Zuflucht

Wenn es Ihnen einmal wirklich schlecht geht, Sie traurig oder wütend oder vollkommen verzweifelt sind – dann scheuen Sie vermutlich sehr davor zurück, innerlich zu fliehen. Es ge-

hört gerade zum Wesen von Trauer, Wut oder Verzweiflung, diese Emotionen auszuhalten und bis zum bitteren Ende durchzuziehen. Da ist es gut, einen inneren kleinen Fluchtort vorbereitet zu haben.

Gehen Sie Ihr Leben durch: Wann war Ihre allerglücklichste Zeit? Vielleicht als Kind oder als Sie frisch verliebt waren, auf der Hochzeitsreise oder bei einem ganz besonderen sportlichen oder beruflichen Erfolg. Dort sollten Sie Ihren kleinen Fluchtort ansiedeln. Schließen Sie die Augen und begeben Sie sich im Geiste zurück an diesen Platz. Erleben Sie ihn mit allen Sinnen.

Mein persönlicher Glücksort ist eine Lagune auf Kreta: Ich stehe, frisch verheiratet, im ideal temperierten Meer, türkisblau und vom Sonnenlicht durchflutet, über mir ein traumhafter, endloser Himmel, vor mir auf der Anhöhe ein nagelneues, weißes Hotel, am Strand meine junge, wunderschöne Frau, wir beide glücklich, perfekt sonnengebräunt und mit jugendlicher Idealfigur. Diesen Moment hat es wirklich so gegeben, ich habe ihn genau so erlebt, muss ihn nicht künstlich verschönern oder zurechtbiegen.

Ihr persönlicher Traumort ist für Sie richtig. Anderen brauchen Sie davon nichts zu erzählen. Diesen Ort können Sie – haben Sie ihn einmal gefunden – in Ihrem Herzen bewahren und in schwierigen Situationen hervorholen wie einen Edelstein, dessen tiefste Schönheit nur Sie verstehen. Stellen Sie sich vor, er ist in einer winzigen Höhle Ihrer Seele versteckt. Nur Ihr kleiner Finger ist klein genug, um ihn dort herauszuholen.

Besorgen Sie sich eine gute, dicke Haut

»Denn dickes Fell, das hatt' ich früher nicht – ich hab's mir wachsen lassen. Es wuchs mir wie die Knitter im Gesicht und die Sorge, was zu verpassen.« So sang (oder besser: sprach) Curd Jürgens 1976 in seinem berühmten Lied »60 Jahre und kein bisschen weise«.

Eine besondere Form der »kleinen Flucht« ist der Weg nach innen. Weg von den Dingen, die Sie bedrängen, und einen Schritt näher zu sich selbst. Es gibt verschiedene Bilder dafür, und ein sehr einprägsames ist das »dicke Fell« oder eine »dicke Haut«. So eine kräftige Schutzhaut gäbe Ihnen die Möglichkeit, gegenüber den Einflüssen der Umwelt zwar noch offen zu sein, aber nicht zu offen. Ein im guten Sinne dickes Fell macht Sie nicht gefühllos. Aber es bewahrt Sie davor, emotional zu zerfließen. Deswegen auf den folgenden Seiten ein paar Anregungen, wie Sie zu dieser sehr gesunden Einrichtung Ihrer Persönlichkeit kommen können und sich beim Anblick Ihres kleinen Fingers künftig daran erinnern.

Panzern Sie sich auf freundliche Weise

Die menschliche Haut ist ein gutes Symbol für die Art von Filter gegenüber der Außenwelt, die jeder Mensch zum Leben braucht: Sie lässt Luft und ein gewisses Maß an Feuchtigkeit hinein, schützt aber gleichzeitig vor schädlichen Eindringlingen von außen und dem Hinausfließen der wichtigsten Lebensenergien.

Stellen Sie sich so auch Ihre Seele vor, eingeschlossen von einer guten, schützenden Oberfläche. Niemand kann von Ihnen verlangen, dass Sie jederzeit und in jeder Situation vollkommen offen sind für seine Nöte und Sorgen. Zugleich aber sind Sie nie vollständig abgeschottet, sondern bleiben stets aufnahmefähig.

Wenn Sie zu dünnhäutig sind

Es ist ein gutes Gefühl, wenn man »gut in sich drin« ist. »Ich fühle mich wohl in meiner Haut«, sagt man dann ganz treffend. Das Gegenteil ist die »dünne Haut«. Manchmal fühlen sich Menschen völlig ungeschützt angesichts der kleinsten Pannen und irgendwelchen lieblosen oder unsensiblen Bemerkungen ihrer Mitmenschen.

In vielen Märchen und Gedichten ist der kleine Finger etwas Lustiges. Der jüngste von fünf Brüdern ist zwar der kleinste und muss sich Witzeleien der älteren gefallen lassen. Aber dann stellt sich heraus, dass er der pfiffigste ist und am Ende die begehrte Prinzessin zur Frau erhält. Humor ist eine wichtige Schutzfunktion, die auch in Krisenzeiten funktioniert – selbst wenn es nur der berühmte »Galgenhumor« ist. Wenn Sie sich einmal besonders dünnhäutig vorkommen, lächeln Sie! Machen Sie einen Witz, oder suchen Sie den Kontakt zu humorvollen Menschen. Sobald Sie auch nur ein winziges Lachen schaffen, wird Ihre zu dünne Haut schon wieder ein bisschen dicker.

Ziehen Sie sich eine dicke Haut an

Mode und Kleidungsstücke sind nicht nur praktisch, sondern auch eine wichtige Metapher für Ihr Verhältnis zu der Welt da draußen. In der Pubertät kaufen sich viele Jugendliche ihre erste Lederjacke als Symbol für eine gute Panzerung: Ich bin stark, ich habe einen Schild, der mich umgibt. Ich muss mir nicht alles gefallen lassen, sondern ich darf auch in Abwehrhaltung gehen.

Das ist wichtig, um eine eigene Persönlichkeit zu werden. Tierhaut ist ein animalisches Material, schützend und doch weich und anschmiegsam, oft sogar glänzend wie eine Rüstung, die den Feind abweisen und den Freund anziehen will.

Nutzen Sie die gute Wirkung guter Kleidung. Sehen Sie Ihren Schrank durch: Welche Ihrer Kleidungsstücke wirken auf Sie wie eine gute Rüstung? Ziehen Sie diese Sachen für schwierige Gespräche und andere knifflige Situationen an. Manche Frauen berichten, dass sie sich in Stiefeln besser geschützt fühlen. Bei Männern kann die Business-Uniform (Anzug und Krawatte) eine gute »dicke Haut« sein, in der sie ernster genommen werden und einen angemessenen Platz in der unausgesprochenen Hierarchie bekommen.

Schützen Sie sich vor den Tagesthemen

Nachrichtensendungen sind eine besonders intensive Form, in der Gefühle, Ängste und Bedrohungen auf Sie einstürmen. In einer kunstvollen Mischung aus Bild, Ton und Text durchdringen diese multimedialen Botschaften Ihre normalen seelischen Barrieren. TV-Nachrichten erzeugen echte Gefühle: Wenn Sie einen verwundeten, hungernden oder sterbenden Menschen sehen, reagieren Sie betroffen. Aber Sie werden manipuliert, immer: Es gibt unzählige verwundete, hungernde oder sterbende Menschen, die Ihnen jetzt nicht gezeigt werden. Sie sehen immer nur die, die Sie sehen sollen.

Sehen Sie sich eine Nachrichtensendung einmal bei abgestelltem Ton an. Dann blicken Sie eine Sendung lang nicht auf den Bildschirm und verfolgen Sie das Ganze nur akustisch. Stellen Sie sich die Situation des Kamerateams vor, wie es aus einer Vielzahl von Ereignissen das herauspickt, was Sie gerade sehen. Sie können nie nachprüfen, ob in einer Kriegsregion eines oder 1000 Häuser brennen – es passt immer nur eins auf den Bildschirm. Durchschauen Sie die Mechanismen des Mediums. Das ist die barmherzige Botschaft des kleinen Fingers: Sie brauchen nur so viele Emotionen aufzunehmen, wie in Ihr persönliches menschliches Maß passen. Sie müssen nicht den Schmerz des ganzen Universums tragen.

Unterscheiden Sie zwischen Welt und Zeitungswelt

Ähnlich verhält es sich bei Tageszeitungen und aktuellen Zeitschriften. Die Versuchung ist groß, die veröffentlichten Berichte mit der Wirklichkeit zu verwechseln.

Blicken Sie im Geiste auf die Erdkugel: Sie bekommen in den »Welt«-Nachrichten niemals die Welt präsentiert, sondern nur einige winzige Ausschnitte. Lesen Sie Berichte über Städte, Länder oder Situationen, die Sie selbst aus erster Hand kennen. Nehmen Sie Kontakt auf mit Menschen, die dort wirklich leben. Dann merken Sie schnell, wie subjektiv oder sogar von Vorurteilen geprägt die Wahrnehmung eines Journalisten sein kann.

Kleine Maßnahmen für große Gelassenheit

Die meisten Menschen haben einen vollgepackten Alltag. Aber nicht alle fühlen sich gestresst von der Herausforderung, verschiedenste Dinge unter einen Hut zu bekommen. Lernen Sie von ihnen!

Mit ein paar Kleine-Finger-Gedanken können auch Sie von den Gestressten zu den Gelassenen wechseln.

Gelassen beim Aufwachen

Gestresste geraten bereits in Unruhe, sobald Sie beim Aufwachen an ihren übervollen Tag denken. Vor ihrem geistigen Auge bauen sich bereits die Pflichten und Aufgaben auf, von denen sie demnächst überfallen werden. Die Zeit erscheint ihnen wie ein riesiges Rad, das sich unerbittlich über ihnen dreht. So ein mieser Start in den Tag lässt sich leicht ändern – und der kleine Finger mit der kleinen Flucht hilft Ihnen dabei.

Stellen Sie Ihren Wecker auf eine so frühe Weckzeit, dass Sie noch ein paar Minuten entspannt liegen bleiben können. Lassen Sie den kommenden Tag vor Ihrem inneren Auge ablaufen. Schalten Sie dabei auf Zeitlupe und nicht auf schneller Vorlauf. Wenn Sie es von früher gewöhnt sind, fangen Sie den Tag mit einem Gebet an.

Oder lassen Sie Ihren Körper beten: mit einigen ruhigen, ganz bewussten Atemzügen.

wir hier wieder miteinander essen.« Bereiten Sie sich ein Frühstück vor, das Ihnen Kraft gibt, also besser Müsli als Brötchen oder gar nur puren Kaffee. Arbeiten Sie mit großzügigen Pufferzeiten – am Morgen sind solche Polster viel wichtiger als im späteren Verlauf des Tages.

Mauburnus rät:
Beten für andere, für sich selbst, und dann
mit einem inbrünstigen Seufzer.

Sie werden fast automatisch gelassener, sobald Sie sich zu etwas Größerem in Beziehung setzen – gleichgültig, ob Sie dabei Ihre eigenen Alltagssorgen vorbringen oder Ihren Blick auf das Leben und die Probleme anderer Menschen richten.

Gelassen beim Aufbruch

Bei Gestressten artet die morgendliche Routine zu Hause häufig in Hektik aus. Es gibt klare, von der Uhr diktierte Vorgaben: Wann das Kind los muss zur Schule, wann der Bus oder die Bahn oder die Tram geht, zu welchem Zeitpunkt Sie unbedingt an einem bestimmten Ort sein müssen.

Verlagern Sie einen Teil der morgendlichen Pflichten auf den Vorabend. Richten Sie Ihre Kleidung (und die Ihrer Kinder) abends her, nachdem Sie den Wetterbericht gesehen oder gehört haben. Decken Sie schon abends den Frühstückstisch und senden Sie gute Gedanken an diesen Platz: »Morgen dürfen

Gelassen angesichts ständiger Beanspruchung

Gestresste müssen sich in ihrem Arbeitstag permanent auf neue Themen, andere Menschen und unterschiedliche Aufgaben einstellen. Oft verlangen mehrere Aufgaben gleichzeitig ihre Aufmerksamkeit und wie ein Computer im Multitasking-Modus schalten Sie ständig hin und her. Das wirkt eine Zeit lang ganz anregend, denn es ist garantiert nicht langweilig. Aber es ist auch schrecklich uneffizient und hinterlässt einen am Abend mit dem dumpfen Gefühl »Was habe ich heute eigentlich gemacht?«

Schalten Sie nicht so schnell hin und her, sondern schieben Sie zwischen die verschiedenen Aufgaben immer wieder eine Tätigkeit, die Sie »mit dem kleinen Finger« erledigen können. Also etwas, das »keinen Kopf« erfordert und bei dem ein Erfolg gleich sichtbar ist. Auch wenn manche Arbeitspsychologen oder Ihr eigenes Pflichtgefühl davon abraten – ich bin überzeugt davon, dass es gesund ist, am Computer auch einmal eine Patience zu spielen. Belohnen Sie sich mit einem Gang zum Fenster, gießen Sie die Blumen, holen Sie sich ein Glas Wasser. Es ist auch klug, den Feierabend mit einer solchen Aktivität zu beginnen: Rasen mähen, Ordnung machen, etwas lesen.

Wichtig ist nur, dass diese kleinen Fluchten klein bleiben. Wenn sich Ihre Fluchten allzu oft sehr in die Länge ziehen, nutzen Sie das Gerät, das in vielen Anti-Aufschieberitis-Foren im Internet als Geheimwaffe empfohlen wird: einen Kurzzeitwecker. Den stellen Sie auf drei oder vier Minuten und wenn er klingelt, kehren Sie von Ihrer kleinen Flucht zurück zu Ihrer eigentlichen Aufgabe.

Gelassen trotz Anspannung

Nach einem schwierigen Gespräch, etwa mit einem cholerischen Kollegen, einem Schwerkranken oder der pubertierenden Tochter, sind Sie körperlich verspannt – ungesunder Stress übernimmt die Macht über Ihren Körper.

Denken Sie an die Humor-Power Ihres kleinen Fingers. Machen Sie eine launige Bemerkung – auch auf die Gefahr hin, dass Ihr Gag nicht ankommt. Selbst eine schlechte Pointe oder ein blöder Witz können Sie und die anderen aus dem öden Tunnelblick auf das Negative erlösen. Es ist wohl kein Zufall, dass Joscha Sauer, einer der erfolgreichsten deutschen Cartoonzeichner der letzten Jahre, seine Sammlungen »nicht lustig« nennt.

Durch Lachen entkrampfen Sie Ihre Muskeln und Sie bekommen Ihren Kopf zumindest für einen Moment sorgenfrei. Wenn Ihre Umgebung keinen Anlass dazu bietet, suchen Sie im Internet nach etwas Lustigem. Eher als unter »Witze« werden Sie mit dem Stichwort »Cartoons« fündig. Oder Sie geben bei YouTube »funny« ein.

Gelassen bei Terminkonflikten

Die Besprechung dauert noch, dabei müssten Sie schon in der nächsten sein. Der neue Kundentermin ist zu einem Zeitpunkt angesetzt, zu dem Sie die Jungs zum Fußballturnier kutschieren sollten … Solche Situationen können ungesunde Stressreaktionen verursachen.

Gehen Sie am Wochenanfang Ihre Termine durch und überlegen Sie, wer Sie notfalls wo vertreten könnte. Es lässt sich mehr delegieren, als Sie denken (sogar der Besuch des Elternabends, wenn Sie sich von jemand anderem darüber berichten lassen). Oft entstehen zeitliche Probleme, weil Sie sich für jemand anderen verfügbar halten. Sagen Sie daher nicht »Morgen Nachmittag können Sie mich anrufen«, sondern »um 16 Uhr erwarte ich Ihren Anruf«.

Vereinbaren Sie zu Beginn einer Sitzung oder eines Besuchs möglichst immer, bis wann Sie dieses Zusammentreffen beenden möchten. Wenn die anderen das von Anfang an wissen, ist die Chance hoch, dass dieser Zeitpunkt eingehalten wird. Oft sind die übrigen Teilnehmer selbst froh, dass Sie damit eine »Pünktlichkeit nach hinten« angesprochen haben. Die Faustregel für die Vermeidung von Zeitstress lautet: »Pünktlich losfahren, pünktlich anfangen, pünktlich aufhören.«

Gelassen in den Feierabend

Sie hetzen – in Gedanken noch immer bei der Arbeit – nach Hause. Dort erwartet Sie der häusliche Trubel und am späten Abend sind Sie völlig hinüber.

Notieren Sie sich vor dem Heimgehen kurz ein paar Gedanken zu Ihrem nächsten Arbeitstag. Legen Sie das Blatt auf Ihren Arbeitsplatz und sagen Sie laut zu sich: »Ich lasse meine Arbeit im Büro.« Nutzen Sie den Heimweg, um sich (mit Musik oder Lektüre) auf andere Gedanken zu bringen. Wenn das nicht recht gelingt und Ihnen auch während der Fahrt noch berufliche Sorgen durch den Kopf gehen, suchen Sie innerlich einen markanten Ort kurz vor Ihrem Zuhause. Stellen Sie dort in Gedanken all Ihre Berufsprobleme in einem großen Sack ab (am nächsten Morgen können Sie ihn von dort wieder zur Ar-

beit mitnehmen). So wird es Ihnen leichter fallen, den echten Feierabend zu genießen – eine sinnvolle »kleine Flucht«, die Ihnen Ihr kleiner Finger erlaubt.

Ihr innerer Eremit

Wenn Sie sich das Innere Ihrer Seele wie eine Landschaft vorstellen, befinden Sie sich während einer Krise mitten im Dunkel Ihrer Einsamkeit und Verzweiflung.

Viele Menschen fixieren sich in schwierigen Situationen darauf, in den schwarzen Tunnel dieser inneren Finsternis zu starren. Doch gibt es dort auch einen rettenden, friedlichen Ort: die Einsiedelei. Es gehört zu den großen Erkenntnissen der Tiefenpsychologie, dass jeder Mensch diesen Zufluchtsort in sich hat. Er findet sich in den Gralsmythen ebenso wie in der mystischen Tradition.

Ihr größter Helfer:
Ihre Vorstellungskraft

Stellen Sie sich die schlichte Einsiedelei bild-
lich vor. Wenn Sie ein Gemälde malen würden, wie sähen die Klause und der Platz um
sie herum aus? Welches Licht ist zu sehen?
Welche Pflanzen wachsen da? Einsiedler
bauen ihre Behausungen oft bei einer Quelle,
um frisches Wasser zu haben. Sind vielleicht
Tiere in der Nähe? Wenn Sie sich mit diesem
inneren Ort vertraut gemacht haben, fassen
Sie sich ein Herz und rufen Sie nach dem

Einsiedler, der hier zu Hause ist. Wie sieht er
aus? Was hat er an? Wenn Sie Liebe und Vertrauen spüren, gehen Sie auf ihn zu.

Vertrauen Sie sich Ihrem Einsiedler an

Dieser Einsiedler ist Ihnen wohlgesonnen.
Er ist das Symbol für eine verborgene Kraft
Ihrer Seele, die Sie zu Hilfe holen können.
Trotz seiner Abgeschiedenheit sitzt Ihr innerer Eremit an der Quelle der Erkenntnis. Er
hat Zugang zum Wasser des Unbewussten
und kann Sie von den Äußerlichkeiten ins In-

BEANTWORTEN SIE DIE ENTWIRRUNGSFRAGE

*Der Gefühlsaufruhr in Ihnen macht besonnenes Nachdenken schwer. Die Gegen-
wart Ihres inneren Einsiedlers hilft Ihnen, Ihr Problem kurz und nüchtern zusam-
menzufassen. Stellen Sie sich vor, Ihr Einsiedler stellt Ihnen folgende Fragen:*

- *Was hast du noch nicht verstanden? Wofür sollte sich dein Herz öffnen?*
- *Was ist jetzt das Wichtigste in deiner Situation?*
- *Was sind deine inneren Barrieren? Und die deines Partners?*
- *Was ist jetzt die rettende Kraft?*
- *Was ist der verborgene Sinn deines Lebens?*

*Stellen Sie sich vor, wie Sie der Einsiedler ruhig fragt: »Was willst du im Grunde
deines liebevollen Herzens erreichen? Was soll am Ende Gutes dabei herauskom-
men?« Lauschen Sie nach innen und beantworten Sie seine Frage in Ruhe. Konzentrieren Sie sich auf Ihr langfristiges, gutes Ziel. Bitten Sie darum, dass Ihnen
die ersten drei guten Schritte dorthin gezeigt werden. Dadurch vermeiden Sie
schnelle Hauruck-Lösungen.*

nere führen. Er kann Ihnen im Traum erscheinen oder durch bewusstes Aufrufen Ihrer inneren Bilder. Nicht selten redet er in einer etwas altertümlichen Sprache. Sie erkennen ihn daran, dass er verständnisvoll, gütig und versöhnlich spricht. In seiner Nähe fühlen Sie sich geborgen und angenommen.

Nehmen Sie Einsiedler-Auszeiten

Auch wenn Sie nicht in einer aktuellen Krise stecken, können Sie vorbeugend Ihre innere Klause aufsuchen. Erklären Sie einen Abend in der Woche zu einem Abend der Stille – ohne Fernseher, Telefon, Besuch oder Weggehen. Lesen Sie spirituelle Bücher, Besinnungs- und Mystikertexte. Schreiben Sie Tagebuch. Setzen Sie sich in eine stille Kirche. Beten Sie. Legen Sie einen »Wüstentag« ein, an dem Sie sich zurückziehen und ganz bewusst nichts anderes machen als nach innen zu lauschen. Besuchen Sie Meditationskurse, nehmen Sie an Exerzitien teil. Oder nehmen Sie Ihren Urlaub als Auszeit, bei der es nicht um äußere Reisen geht, sondern um die innere Reise zu sich selbst.

Wachen und beten wie ein Einsiedler

In schwierigen Phasen des Lebens ist die Versuchung groß, sich mit Alkohol, Tabletten, Fernsehen oder Computerspielen zu betäuben. Machen Sie auch daraus ein Hand-Ritual: Sobald Ihre Finger nach einer Flasche, einer Packung, einer Fernbedienung oder einer Computermaus greifen, sehen Sie Ihre Hand an. Ist es gut, wenn sie das tut?

Ihre (kluge) Hand kann Ihnen dabei helfen, Frustkäufe, Frustessen und andere Frustvergnügen wegzulassen. Verschwenden Sie Ihre geistige Energie nicht durch Lamentieren. Ihre fünf Finger können alles tun – und alles lassen. Ihre Finger können ausgestreckt »Halt!« zu Ihnen sagen.

Wenn Ihnen das schwer fällt, hilft das folgende »Einsiedlergebet« von Dietrich Bonhoeffer, das er im Gefängnis für seine verzweifelten Mitgefangenen verfasst hat. Es ist in vielen schweren Zeiten erprobt, kann nachweislich Halt und Kraft geben und Hilfe von innen mobilisieren – wer oder was auch immer für Sie dieses »du« ist, zu dem hier gesprochen wird:

In mir ist es finster, aber bei dir ist das Licht.
Ich bin einsam, aber du verlässt mich nicht.
Ich bin kleinmütig, aber bei dir ist die Hilfe.
Ich bin unruhig, aber bei dir ist der Friede.
In mir ist Bitterkeit, aber bei dir ist die Geduld.
Ich verstehe deine Wege nicht, aber du weißt den Weg für mich.

Kommen Sie wieder zurück

Damit es keine Missverständnisse gibt:
Das Ritual des kleinen Fingers ist nur eine *kleine* Flucht.

Sie sollen nicht alles hinwerfen, sich dauerhaft verkriechen und gewohnheitsmäßig allen Schwierigkeiten entfliehen. Das wäre der Weg der Sucht: Naschen, Alkohol, Pornografie, Computerspiele, soziale Netzwerke und all die vielen anderen Tätigkeiten, die so harmlos und heiter beginnen – und Sie am Ende eisern umklammern. Damit das nicht geschieht, soll der nächste Finger helfen. Er ist das Gegenteil von eiserner Umklammerung und Sucht. Er ist Ihr Erinnerungszeichen für die wunderbare Freiheit, die Sie in sich tragen. Sie werden im Lauf der Kapitel mit den übrigen Fingern sehen, welche weiteren Kräfte in Ihnen schlummern. Doch um an sie heranzukommen, brauchen Sie diese kleine Verschnaufpause am Anfang. Das innere Atemholen, die »kleine Flucht«.

Nehmen Sie sich nicht zu ernst

Das hat auch mit Humor zu tun. Ich kenne Menschen, die an Humorlosigkeit und mangelnden Möglichkeiten des Fliehens gestorben sind. Nie gelang es ihnen von der eigenen Person, der Krankheit oder den eigenen schlimmen Erlebnissen den nötigen Abstand zu gewinnen. Wenn sie nur ab und zu hätten sagen können: »Ach was!«, oder gesehen hätten, wie absurd ihre Verbohrtheit ist. Einmal über sich selbst lachen – vielleicht hätte sie das bereits gerettet. Auch daran soll Sie Ihr kleiner Finger immer wieder erinnern.

Fangen Sie klein an

»Das mach ich doch mit dem kleinen Finger!«, sagt man manchmal, um eine besonders einfache Aufgabe zu beschreiben. Deswegen beginnt dieses Buch mit dem kleinen Finger: Lassen Sie es in hektischen Zeiten langsam angehen. Starten Sie in einer schweren Situation mit einem leichten Schritt. Atmen Sie durch, bevor Sie sich in den Kampf stürzen.

Das ist ein guter Rat für harte Zeiten. Für den Aufbau Ihres Arbeitstags ist er nicht unbedingt geeignet. Da hat es sich bewährt, die unangenehmen Aufgaben als erstes anzugehen und nicht mit Kleinkram zu starten.

Nutzen Sie die Spielfreude

Viele Menschen haben auf Ihrem Computer ein kleines Spiel installiert: eine Patience, Sudoku oder sonst einen virtuellen Zeitvertreib. In den meisten Büros ist so etwas eher unerwünscht. In Maßen betrieben, kann so eine verspielte Mini-Erholung aber sehr gesund sein. In einer Welt, in der alles effizient und sinnvoll sein muss, ist das Spiel eine heilsame Unterbrechung. »Der Mensch ist nur da ganz Mensch, wo er spielt«, wusste schon der kluge Friedrich von Schiller.

Gehen Sie nicht verloren

Legen Sie sich vor Ihrer kleinen Flucht innerlich etwas zurecht, damit Sie wieder zurückfinden. Sagen Sie, wenn Sie kurz an die frische Luft gehen möchten, Ihren Kolleginnen und Kollegen: »Ich bin in sieben Minuten zurück.« Damit verpflichten Sie sich selbst und schlagen Ihrem inneren Schlendrian ein Schnippchen.

Wenn Sie an einem wichtigen Projekt arbeiten, besorgen Sie sich ein kleines materielles Symbol für diese Arbeit: ein winziges Sparschweinchen für das große Durchfilzen der Buchhaltungsdaten; eine Packung Kaugummi für den zähen Schreibjob; einen Radiergummi aus Ihrer Schublade oder sonst einen Allerweltsgegenstand – Hauptsache, Sie nehmen etwas mit oder stellen es vor sich hin, während Sie kurz flüchten. Der symbolische Anker wird Sie davor bewahren, in Ihrer kleinen Ablenkung zu versinken.

Wenn selbst das bei Ihnen nicht klappt, hilft ein Utensil, das Ihnen in diesem Buch bereits empfohlen wurde: ein Kurzzeitwecker, auf dem Sie die fünf oder sieben Minuten einstellen, die Sie Ihrer kleinen Flucht zugestehen. Das kurze Klingelsignal weckt auch Hartnäckige aus ihrer Selbstvergessenheit.

Setzen Sie sich ein Ziel

Der beste Weg aber ist, wie bereits angekündigt, weiterzugehen zum nächsten Finger. Für Sie ist das jetzt besonders leicht, denn es bedeutet einfach umzublättern. Besonders nett: Sie verwenden dabei in der Regel bereits genau den richtigen Finger.

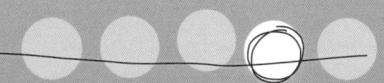

Der Ringfinger: sich befreien

- **Das Thema:** Loslassen, entrümpeln, vereinfachen

- **Das Grundritual:** Sich von etwas befreien

- **Die einfachsten Übungen:** Etwas aufräumen, Unnötiges wegwerfen, eine Aufgabe abgeben

- **Gute Sätze:** »Davon will ich mich befreien.« »Das brauche ich nicht mehr.« »Ich reise mit leichtem Gepäck durch mein Leben.«

Lieben Sie das Loslassen

Es gibt immer etwas, das Sie daran hindert, leicht
und locker durch den Tag zu schweben. Es lohnt sich,
danach zu suchen – und sich davon zu verabschieden.

Der Ring am Ringfinger (falls Sie einen tragen) erinnert an eine Bindung, bei Ihnen hoffentlich an eine gute. Denken Sie aber beim Blick auf Ihren Ringfinger auch an all Ihre negativen Bindungen: Was engt mich ein? Was nervt mich momentan am meisten? Wovon kann ich mich befreien?

Der Begriff »Bindung« beinhaltet Angenehmes und Unangenehmes: Halt und Sicherheit, aber auch Fessel und Gefangenschaft. Das Lösen einer Bindung bringt zwar oft Verunsicherung mit sich, immer aber auch eine neugewonnene Freiheit – und zwar in allen Lebensbereichen. Egal ob Sie alte Klamotten aussortieren, festgefahrene Gedanken über Bord werfen oder sich sogar von Menschen in Ihrem Leben trennen. Denn Sie haben sich und der Welt bewiesen, dass Sie etwas verändern können – und wenn es nur Ihr Keller oder die Oberfläche Ihres Arbeitsplatzes ist. Dass Sie nicht alles erleiden müssen, sondern in kleinen Schritten sich und Ihre Umgebung verändern können. Wenn Sie einen Stapel Zeitschriften entrümpelt, Ihren Kleiderschrank ausgemistet oder eine Schublade voller unnützer Gegenstände verwandelt haben in einen Ort mit lauter hilfreichen und gut sortierten kleinen Hilfsmitteln – dann hat sich nicht nur da draußen in der Welt der Dinge etwas verändert, sondern auch etwas in Ihnen selbst.

Die Kraft der kleinen Schritte

Bei Begriffen wie »Loslassen« und »Entrümpeln« denken viele Menschen an große Aktionen, an Container voller Müll und mehrere Tage Chaos. Viel wirksamer als solche Gewaltmaßnahmen (die man lange vor sich herschiebt) sind begrenzte Mini-Aktivitäten, mit denen Sie sofort anfangen können: Jeden Tag eine Tüte voller unnützer Gegenstände aus der Wohnung entfernen, jede Woche eine

unnötige Verpflichtung abgeben – es gibt zahllose Möglichkeiten des Loslassens.

Die Wirksamkeit des Schreibens

Wenn etwas mehr Zeit ist: Listen Sie auf, was Sie momentan belastet. Schreiben Sie es auf, mit Stift und Papier. Tun Sie es wirklich! Das Niederschreiben hat eine durch nichts zu ersetzende objektivierende Wirkung. Aus dumpfen Empfindungen wird etwas, das einen Namen hat. Sie können es lesen und dabei beurteilen Sie es. »Aber ich kann es doch auch in mein iPhone oder meinen Blackberry tippen«, sagen manche. Aber ich habe immer wieder gemerkt, dass das Tippen auf Tasten eine andere Qualität hat als das Schreiben auf Papier. »Wer schreibt, bleibt«, heißt die alte Weisheit, und die moderne Fortsetzung könnte lauten: »Wer tastet, hastet.«

DER RINGFINGER IM HANDPSALTER DES MAUBURNUS

Kampf und Befreiung von den Mächten des Bösen ist das Thema dieses Fingers bei Mauburnus. Drückt der Meditierende das oberste Glied seines Ringfingers, soll er an die Bosheit und Hemmungslosigkeit seines Tuns denken und sich davon lösen. Beim mittleren Glied geht es um die Fehler und Lieblosigkeiten, die er mit seinem Reden begangen hat und die er bereuen und zukünftig unterlassen soll. Bei der Berührung des untersten Ringfingerglieds schließlich sind es die Abscheulichkeiten des Herzens, von denen er sich befreien muss – Bitterkeit, Zorn, Feindseligkeit, Falschheit, Schadenfreude und Neid.

Sonette an Orpheus

ZWEITER TEIL

*Der Liebesgott Eros hatte Apollo mit einem goldenen Pfeil getroffen, sodass er
von glühender Liebe zu Daphne erfüllt wurde. Sie aber war von einer bleiernen
Pfeilspitze verwundet worden und konnte die Liebe nicht erwidern. Genervt
von den nicht enden wollenden Nachstellungen Apolls bat sie ihren Vater, sie in
einen Lorbeerbaum zu verwandeln. Seitdem ist der Lorbeerbaum den Griechen
heilig, und Apollo trug von diesem Tage an zum Gedenken an seine verlorene
Liebe einen Lorbeerkranz auf seinem Haupt.*

*Wolle die Wandlung. O sei für die Flamme begeistert,
drin sich ein Ding dir entzieht, das mit Verwandlungen prunkt;
jener entwerfende Geist, welcher das Irdische meistert,
liebt in dem Schwung der Figur nichts wie den wendenden Punkt.
Was sich ins Bleiben verschließt, schon ist's das Erstarrte;
wähnt es sich sicher im Schutz des unscheinbaren Grau's?
Warte, ein Härtester warnt aus der Ferne das Harte.
Wehe –: abwesender Hammer holt aus!
Wer sich als Quelle ergießt, den erkennt die Erkennung;
und sie führt ihn entzückt durch das heiter Geschaffene,
das mit Anfang oft schließt und mit Ende beginnt.
Jeder glückliche Raum ist Kind oder Enkel von Trennung,
den sie staunend durchgehn. Und die verwandelte Daphne
will, seit sie lorbeern fühlt, dass du dich wandelst im Wind.*

Rainer Maria Rilke

Werden Sie frei mit Rilke

Loslassen, das klingt einfach. Doch dann ist es so schwer,
es zu tun. Es ist ganz natürlich, dass Sie ungern Lebewohl
sagen zu Dingen, die Sie lieben. Sogar bei solchen, die
Sie gar nicht mögen, fällt der Abschied schwer.

Aber es gibt Bestandteile Ihres Lebens, die Sie zerstören, sobald Sie sich weigern, sie loszulassen. Eine Partnerschaft, die allen Beteiligten nur Schmerz verursacht, oder ein Beruf, aus dem Sie herausgewachsen sind – wenn Sie die nicht loslassen, verwandeln sie sich in eine dauerhafte, furchtbare Belastung.

In dem Gedicht »Sonette an Orpheus« von Rainer Maria Rilke stecken einige besonders wertvolle Gedanken zum Thema Loslassen. Zum Auswendiglernen ist das Gedicht ein wenig sperrig, aber vielleicht behalten Sie einzelne Zeilen daraus im Gedächtnis, die Ihnen bei einem schmerzhaften Abschied in Ihrem Leben Trost geben können.

Seien Sie begeistert für die Flamme

»Wolle die Wandlung. O sei für die Flamme begeistert.« Feuer ist das Element der Verän-

*Lassen Sie sich entzückt zurücksinken
zu dem, was Sie alles schon an Glücklichem
und Heiterem erlebt und geschaffen haben.*

derung. Gleichgültig, ob ein wertloses Stück Holz oder ein geliebtes Haus verbrennt, immer entsteht dabei Energie. Bevor etwas verschwindet, glänzt es noch einmal hell im Spiel der Flammen.

HILFE BEI VERÄNDERUNG

Eine bewährte Meditation, um mit Veränderungen fertig zu werden, ist die folgende Übung: Setzen Sie sich an einen ruhigen Platz und achten Sie auf Ihren Atem. Sagen Sie beim Einatmen leise zu sich »Ich lasse es geschehen«, und beim Ausatmen: »Ich lasse es los«. Tun Sie das ein paar Minuten lang, bis Sie das Gefühl haben, nicht Ihr Mund, sondern Ihre Lungen selbst sprechen diese Worte.
Wer das regelmäßig übt, kann in kritischen Situationen schnell zurückgreifen auf diese innere Fähigkeit, loszulassen.

Die US-amerikanische Lebenshilfeautorin Martha Beck erzählte mir von einem Mann, der das konnte: ein Yogi, den sie in Indien kennengelernt hatte. Er besaß eine wertvolle Sammlung großartiger Kristalle. Eines Tages stieß seine Haushälterin eine Vitrine mit besonders zerbrechlichen Exemplaren um und viele der unersetzlichen Steine zerbrachen. Völlig verzweifelt und in Tränen aufgelöst stand sie vor dem Yogi. Der aber wurde zu ihrer Verwunderung gar nicht böse, sondern lächelte nur und sagte: »Diese Dinge waren zu meiner Freude da, nicht zu meinem Ärger.«

Konzentrieren Sie sich vor allem auf das Gute

»Sie führt ihn entzückt durch das heiter Geschaffene.« Wenn Sie einen Ehering tragen, ist der folgende Gedanke besonders einfach: Versetzen Sie sich zurück zu dem Moment, als er Ihnen von Ihrem Partner angesteckt wurde. In der Regel war das ein großer, glücklicher Moment, und etwas davon ist noch immer in Ihnen drin. Auch wenn Sie heute vielleicht gar nicht mehr glücklich sind in Ihrer Beziehung – der kleine goldene Ring ist wie ein Ankertau, an dem Sie wieder hinabtauchen können zu etwas Großem und Verlässlichen in Ihrem Leben.

Auch in den dunkelsten Stunden gibt es etwas in Ihrer Seele, das hell ist und leuchtet. Auch wenn Sie etwas sehr Wertvolles oder Geliebtes loslassen, es gibt immer etwas, das Sie glücklicherweise behalten. Das kann etwas Großes sein wie der Mensch, den Sie

»Jeder glückliche Raum ist Kind oder Enkel von Trennung«

lieben, oder die berufliche Aufgabe, die Sie zutiefst erfüllt. Oder etwas Kleines wie die wunderschönen Schuhe, die Sie sich gekauft haben, oder der geheime Vorrat leckerer Schokoplätzchen, den Sie für seelische Notfälle in einem Versteck gebunkert haben.

Folgen Sie dem Stammbaum Ihres Glücks

Das Glück ist ein Scheidungskind – ein Gedanke, der zunächst verwegen wirkt. Aber verfolgen Sie Ihre besten Eigenschaften oder die Fähigkeiten anderer zurück. Wie sind sie entstanden? Sehr häufig stand am Anfang von etwas Gutem eine ganz und gar unangenehme Erfahrung.

Zwei Beispiele: Heiner kann sehr gut Gitarre spielen. Als Kind hatte er immer zu den Außenseitern gehört. Es bereitete ihm Riesenschwierigkeiten, auf andere zuzugehen oder gar Mädchen anzusprechen. Dann sah er eines Tages, wie beliebt gute Musiker bei allen waren, und er beschloss, selbst einer zu werden. Wie ein Verrückter übte er Tag und Nacht, bis er sich tatsächlich mit seinem Instrument in die Herzen der Menschen spielen konnte. Das war der große Wendepunkt in seinem Leben, sein Abschied von dem grässlichen Minderwertigkeitsgefühl, das ihn viele Jahre geplagt hatte. Ohne die früheren Probleme hätte er nie die Energie zum Üben gefunden.

Hanna hat ein erfolgreiches kleines Versandunternehmen aufgebaut. Dazu wäre es nie gekommen, wäre sie nicht von ihrem alten Arbeitgeber im Zuge einer Umstrukturierung entlassen worden. Zuerst war sie vollkommen verzweifelt, weil sie in ihrem Alter und in ihrem kleinen Ort keinen Job fand. Da startete sie von zu Hause aus eine Website mit ihrem Hobby Puppenmöbel. Bald kamen so viele Anfragen, dass sie beschloss, die Produkte aus Fernost zu beziehen und an Interessenten zu verkaufen. Das Einkommen, das sie damit erzielt, entspricht ihrem früheren Gehalt. Sie ist jetzt glücklicher und kann viel besser für ihre Familie da sein als früher.

Behandeln Sie Ihre Glückskinder gut

Der Psychologe Daniel Gilbert hat ausführlich untersucht, wie Menschen mit Verlusterfahrungen umgehen. Seine wichtigste Einsicht: Menschen konzentrieren sich zu sehr auf das Verlorene und weigern sich, die positiven Möglichkeiten zu akzeptieren, die sich durch den Verlust ergeben. Er stellte Versuchspersonen folgende Frage: »Stellen Sie sich vor, Ihr geliebter Partner oder eines Ihrer Kinder ist gestorben. Wann, denken Sie, haben Sie sich daran gewöhnt und können wieder zu einem normalen Leben übergehen?« Fast alle antworteten empört: »Niemals!«

Als er den Befragten sagte, dass ein psychisch gesunder Mensch nach zwei Jahren auch den heftigsten Verlust eines Menschen verschmerzt hat, reagierten viele aggressiv. Es scheint tief in unserem Bewusstsein verankert zu sein, einen schweren Verlust nicht verarbeiten zu »dürfen«.

Loslassen ist menschlich

Loslassen, Abschied, Trennung sind lauter schmerzhafte Prozesse, die wesensmäßig zu unserem Leben gehören. Doch auch daraus werden sich für viele Menschen neue Möglichkeiten und Freiheiten ergeben. So schockierend das im Augenblick des Todes eines Menschen auch klingen mag: Letzten Endes ist es gut, dass jeder einmal Platz macht für jene, die nach ihm kommen.

Vielleicht schreiten dann auch Sie »entzückt durch das heiter Geschaffene, das mit Anfang oft schließt und mit Ende beginnt«.

Die kritische Frage: Darf ich das wegwerfen?

Viele der guten Argumente für das Aufheben von Gegenständen schmelzen bei näherer Betrachtung dahin wie Schnee in der Sonne. Befreien Sie sich, es geht!

Wenn Menschen ihren Kleiderschrank entrümpeln, ihren Keller ausräumen, klar Schiff auf ihrem Schreibtisch machen oder sich anschicken, sonst irgendetwas wegzuwerfen – stets stehen sie vor den ewig gleichen Bedenken: Das kann man doch noch brauchen. Das hat so viel Geld gekostet. Wegwerfen ist unökologisch.

Es gibt viele Argumente gegen das gedankenlose Wegwerfen. Aber es gibt noch mehr gute Argumente, sich von unnötigen, doppelt vorhandenen, nervigen oder überflüssigen Gegenständen zu befreien.

Wegwerfen ist gut für Sie

Es tut der Seele gut, Platz zu haben, mit leichterem Gepäck durch dieses Leben zu ziehen und das Loslassen zu üben. All die Stapel von Papieren, ungelesenen Zeitschriften, unerledigten Verpflichtungen oder all die

Gegenstände, die sich in Schubladen und Schränken gesammelt haben – all das sind nicht getroffene Entscheidungen! Sobald Sie sich mit dem Inhalt einer Schublade oder den Einzelteilen eines Stapels befassen, treffen Sie lauter kleine Entscheidungen. Aufräumen und Entrümpeln trainieren Ihren »Entscheidungsmuskel«. Wenn Sie in die aufgeräumte Schublade oder in den neu organisierten Schrank blicken, freuen Sie sich. Denn Sie haben aktiv etwas mit den Dingen gemacht und nicht – wie bisher – die Dinge etwas mit Ihnen.

Wegwerfen ist gut für andere

Solange Sie etwas in Ihren Schränken für andere Menschen aufbewahren, kommen diese Menschen nicht an diese Sachen heran. Damit jemand etwas davon hat, müssen Sie die Dinge in Umlauf bringen. Mit Internet-Verkaufsplattformen wie Ebay, über Second-Hand-Läden oder die Annahmestellen von Diakonie und Caritas können Sie gut erhaltene Stücke aus Ihrer Garderobe sinnvoll weitergeben, allerdings mit ziemlichem Aufwand für Sie.

Doch auch beim normalen Wegwerfen wird aus den Dingen immer noch etwas Gutes gemacht. In unserem Land gibt es ein hervorragend organisiertes Recyclingsystem.

Wegwerfen auf anderen Ebenen

Es muss nicht immer etwas Materielles sein, das Sie loslassen. Es gibt auch jede Menge Verpflichtungen, Aufgaben, Termine oder geistige Besitztümer, bei denen es unheimlich gut tut, sich davon zu befreien. Ihr

Ringfinger kann Ihnen helfen, dass Sie einen größeren geistigen Horizont bekommen, einen weiter gewordenen Glauben und ein großzügigeres Herz.

INNERLICH AUSMISTEN

Beobachten Sie sich, wenn Sie über sich selbst Urteile abgeben: »Ich bin ein totaler Pessimist«, »Ich rege mich viel zu leicht auf«, »Ich komme immer zu spät«. Damit legen Sie sich fest – aber ist das nicht auch Gerümpel, von dem Sie sich befreien könnten? Sie können die Zukunft bestimmt auch einmal in rosigerem Licht sehen, auf eine chaotische Situation vollkommen gelassen reagieren oder eine Woche lang zu jedem Termin überpünktlich kommen. Dann hätte Ihnen Ihr Ringfinger zu einer herrlichen Befreiungsaktion verholfen!

So besiegen Sie die Chaos-Inseln

Oft sind es nur ein paar winzige Veränderungen, und in Ihrer Wohn- und Arbeitsumgebung breitet sich Schritt für Schritt nicht mehr das Tohuwabohu aus, sondern die Ordnung – ein herrliches Gefühl!

Es gibt sie in jedem Haus und in jeder Wohnung: Anfangs sind es nur recht unscheinbare Ansammlungen von Gerümpel. Wenn Sie nichts dagegen unternehmen, wird daraus im Handumdrehen ein nerviges Durcheinander. Darum im Folgenden einige Ringfinger-Tipps, wie Sie Chaos im Ansatz vermeiden können.

Sparen Sie nicht an Haken und Stangen

Warum liegen Jacken, Mützen, Handschuhe, Schals und andere Kleidungsstücke hingeworfen auf Sofas und Stühlen? Der Hauptgrund: Es gibt keine klar definierte Aufbewahrung für diese Gegenstände. Oder der dafür vorgesehene Ort ist schlecht zu erreichen, zu voll oder einfach unpraktisch.

Sorgen Sie dafür, dass Schubladen oder Schränke niemals bis zur Oberkante gefüllt sind. Gehen Sie Ihre Aufbewahrungsmöbel durch und sortieren Sie alles aus, was nicht regelmäßig getragen wird. Lagern Sie Klamotten, die in eine andere Jahreszeit gehören, in einer Kiste, in einem der schwieriger erreichbaren Fächer in Ihrem Kleiderschrank oder auf dem Dachboden.

Statten Sie Schrank und Garderobe mit ausreichend Kleiderbügeln aus – pro Kleidungsstück einen. Zwei Jacken übereinander zu hängen, ist unpraktisch und sieht billig aus. Gönnen Sie sich stabile, neue Bügel, alle von einer Sorte. Das bringt viel Ordnungseffekt für wenige Euro! Schrauben Sie Haken oder Stangen in Ihre Schränke oder unter und neben die Garderobe. Einfache Regel: Was hängt, ist aufgeräumt.

Ganz wichtig: Führen Sie alle Benutzer in das neue System ein. Diskutieren Sie, ob Ihre Vereinfachungslösung für alle praktikabel ist, und ändern Sie das System eventuell gemeinsam ab. Haben Sie Geduld. Es braucht ein paar Tage oder manchmal auch Wochen, bis sich alle – Sie selbst eingeschlossen – daran gewöhnt haben.

Lassen Sie nicht zu viel zusammenkommen

Es gibt Öko-Regeln, die zu nervigen Staus führen können, etwa die Doktrin, dass die Wasch- oder Spülmaschine erst angeworfen werden darf, wenn sie bis zum Stehkragen befüllt ist. Lieber einmal eine nicht ganz volle Trommel (schalten Sie auf »wenig Wasser« oder »Kurzwäsche«) als wachsende Wäschegebirge! Führen Sie Regeln ein: Jedes Familienmitglied (ab etwa acht Jahren) bringt seine getragenen Sachen zur Waschmaschine, andernfalls werden sie nicht gewaschen.

Wenn Platz ist, stellen Sie drei oder mehr Körbe für die verschiedenen Kategorien auf. Schulen Sie alle in Ihrer Familie, welche Sachen wie heiß gewaschen werden dürfen, welche Farben zusammengehören… Delegieren Sie so viel wie möglich. Jeder im Haushalt (ab etwa zehn Jahren) sollte die Waschmaschine bedienen können. Das ist nicht nur sinnvoll, damit Ihre Kinder später keine in praktischen Dingen hilflose Muttersöhnchen und -töchterchen werden. Falls Sie einmal krank werden oder vielleicht im Urlaub sind, ist es ausgesprochen hilfreich, wenn Sie nicht der einzige Durchblicker beim Wäschewaschen sind.

Starten Sie das Projekt Kinderzimmer

Jeder Gegenstand in einem Haushalt braucht eine Heimat. Das gilt besonders für Spielzeug. Ein Kinderzimmer benötigt stabile Regale, Schränke und Schubladen, in denen die Jüngsten ihre Schätze lagern können – natürlich in einer Höhe, die sie auch erreichen können. Stellen Sie Kisten oder Körbe zur Verfügung, in denen kleine Teile sinnvoll zusammengefasst werden können.

Im Baumarkt gibt es günstige Container, und wenn Sie schon einmal dort sind, kaufen Sie ausreichend Haken für Wand und Schranktüren, an denen Springseile, Handtaschen und vieles andere einen guten Aufbewahrungsort finden. Tun Sie das am besten zusammen mit Ihren Kindern. Entwickeln Sie gemeinsam eine sinnvolle Infrastruktur: Was kommt wohin?

Untersuchen Sie Ihre Küchenschränke

Brotbackmaschine, Entsafter, Raclettegrill, Eierkocher und andere Geräte sind wunderbar, wenn sie regelmäßig benutzt werden. Wenn nicht, nehmen sie kostbaren Platz weg. Verschenken oder verkaufen Sie Geräte, die Sie drei Jahre nicht mehr benutzt haben. Nach so einem langen Zeitraum ist die Chance gering, dass Sie sich noch einmal fürs Brotbacken oder für gesellige Racletterunden begeistern.

SONDERTIPP FÜR ALLE SCHUBLADEN, KISTEN UND BOXEN

Wenn sie sinnvoll beschriftet sind, steigen die Chancen enorm, dass die Ordnung auch länger bestehen bleibt. Dann können auch andere etwas finden und Gefundenes sinnvoll ablegen. Überlegen Sie gemeinsam, was draufstehen soll: »Socken«, »Alles fürs Handy« (Netzgerät, Anleitung, Kabel, Kopfhörer), »Pins« usw., aber bitte nicht »Vermischtes« oder »Allerlei«. Sinnvolle Oberbegriffe für solche Aufbewahrungsorte zu finden, ist eine durchaus anspruchsvolle Aufgabe, die das Denken fördert und das Organisationstalent weckt.

Heben Sie nicht zu viele wiederbenutz-bare Becher und Boxen auf. Es ist Unsinn, 30 ausgewaschene Joghurtbecher zu lagern, wenn Sie höchstens zweimal pro Woche einen brauchen. Gehen Sie Ihren Bestand an Plastikbehältern durch, in der Regel ist der Vorrat viel zu groß.

Werfen Sie Geschirrteile weg, die ange-schlagen oder anderweitig kaputt sind. Je-des kaputte Stückt zieht bei der Benutzung Sie und Ihre Gäste ein kleines Stück runter. Es gibt Menschen, die lieben eine Tasse und trennen sich nicht von ihr, nur weil sie Macken hat. Das ist okay. Wenn aber an jedem zweiten Stück Ihres Geschirrs eine Ecke fehlt, hat das Auswirkungen auf Sie. Die sichtbare Dauer-weigerung, etwas zu erneuern, zermürbt Sie auf eine leise, aber wirksame Weise.

Inspizieren Sie die schwieriger zu errei-chenden Regalböden Ihres Geschirrschranks. Meist schlummern dort Teile, die überhaupt nicht mehr gebraucht werden. Geben Sie sie weg oder lagern Sie sie an weiter entfernten Orten (Speisekammer, Wohnzimmerschrank). Der wertvolle Aufbewahrungsplatz in der Küche sollte nur Gegenstände beherbergen, die wenigstens einmal pro Monat gebraucht werden. Auf der Arbeitsplatte sollten Sie nur Dinge parken, die Sie täglich benötigen.

Halten Sie in einer Schublade praktische Gegenstände bereit, die nicht »küchenty-pisch« sind, aber hier oft fehlen: eine gut funk-tionierende Schere, Klebeband, Filzschreiber zum Beschriften, Zange und Schraubenzieher zum schnellen Reparieren von wackligen Hen-keln oder Schrankknöpfen.

BESUCHEN SIE SICH

Ein bewährter Trick, um den eige-nen Rumpelecken auf die Schliche zu kommen: Ziehen Sie sich den Mantel eines anderen über, damit Sie sich fremd fühlen. Dann gehen Sie zu Ihrer eigenen Wohnungstür herein und sehen sich mit den Augen eines Fremden um. Wahr-scheinlich werden Sie staunen, wie viele miese Stapel mit Papier oder Klamotten Ihnen plötzlich auffallen. Falls das bei Ihnen nicht klappt, spielen Sie Immobilienmakler. Suchen Sie Minuspunkte, um den Preis zu drücken. Spätestens dann entdecken Sie alle Macken: das schlecht schließende Fenster, die nackte Glühbirne »Modell Edison« in der Speisekammer oder den übel zugerichteten Teppichboden. Danach werden Sie garantiert Lust bekommen, es sich so richtig schön zu machen!

So wird Ihr Zuhause eine gerümpelfreie Zone

All die Ratschläge zum Entrümpeln haben bei Ihnen nicht geholfen? Dann bitte nicht resignieren, sondern schalten Sie einen Gang höher.

Wenn es Ihnen trotz mehrerer Anläufe nicht gelingt, sich von unnötigen Gegenständen zu trennen, folgen nun ein paar radikalere Ringfinger-Strategien. Damit überwinden Sie auch hartnäckige Blockaden.

Simulieren Sie einen Umzug

Angenommen, Sie müssten in eine kleinere Wohnung ziehen. Was würden Sie unbedingt mitnehmen? Alles andere gehört zu den Wegwerfkandidaten! Wenn Sie sich nicht sofort von etwas trennen können, werfen Sie »auf Probe« weg: Packen Sie diese Dinge in eine Umzugskiste, die in den Keller oder auf den Dachboden kommt. Schreiben Sie groß das aktuelle Datum drauf. Wenn Sie diese Sachen innerhalb eines Jahres nicht vermisst haben, wird es Ihnen leichter fallen, ganz darauf zu verzichten (in einer Kiste liegen sie schon).

Betrachten Sie Ihr Zuhause mit den Augen eines potenziellen Käufers. Wie können Sie Haus oder Wohnung möglichst attraktiv machen? Lassen Sie Ihr Heim gut wirken, indem Sie Herumstehendes in Schränke, Regale und Kisten räumen oder sich davon trennen. Stellen Sie sich vor, der Käufer würde auch die Schränke übernehmen. Welche Schubladen und Fächer sollte er lieber nicht inspizieren? Beginnen Sie dort mit dem Aufräumen!

Machen Sie einen Einkaufsbummel bei sich daheim

Wenn Sie es genießen, in der Stadt zu bummeln und dabei allerlei für sich einzukaufen, nutzen Sie Ihre Einkaufsfreude und – gehen Sie shoppen in Ihrer eigenen Wohnung! Das

spart Zeit und Geld und bringt Platz. Sehen Sie Ihren Kleiderschrank durch, Ihren Vasenvorrat, die CD- und DVD-Sammlung, Ihr Bücherregal usw. Tun Sie so, als seien Sie in einem Laden auf der Suche nach etwas Neuem. Bei manchem Stück werden Sie denken: »Das würde ich nie kaufen!« Dann ist es Zeit, dass Sie sich davon trennen. Wenn es gut erhalten ist, können Sie es bei nächster Gelegenheit vielleicht jemandem schenken. Anderes werden Sie neu für sich entdecken. Freuen Sie sich über die »neue« CD oder die extra hohe Vase für Sonnenblumen, die Sie ganz vergessen hatten.

Verbinden Sie Zimmer und Zweck

Gehen Sie durch Ihre Wohnung und sagen Sie (wie ein Museumsführer) laut zu sich, welchem Zweck jedes Zimmer dient. Lassen Sie in jedem Raum nur das, was diesem Zweck dient, und suchen Sie einen neuen Platz für alles andere. Vielleicht finden Sie

AUF DIE HARTE TOUR

Eine andere, noch radikalere Idee zur dauerhaften Vermeidung von Gerümpel: Stellen Sie sich vor, Sie wären sehr krank und hätten noch zwei Jahre zu leben. Was würden Sie dann noch unbedingt aufheben wollen? Was verdient wirklich Ihre Aufmerksamkeit? Wovon könnten Sie sich leichten Herzens trennen? Das mag makaber klingen, ist aber für extrem voll gepackte Behausungen manchmal die letzte Rettung.

im Wohnzimmer Spiele, die viel besser im Kinderzimmer aufgehoben wären, oder im Schlafzimmer Plunder, der auf dem Speicher oder in einer Abstellkammer besser aufgehoben wäre. Wenn Sie einen Raum für mehrere Aktivitäten nutzen (etwa indem Sie im Wohnzimmer einen kleinen Arbeitsplatz haben), unterteilen Sie den Raum in Gedanken in mehrere Bereiche – oder trennen Sie ihn am besten auch optisch ab.

Wenn Sie mit der Ringfinger-Methode jedes Zimmer von den Utensilien befreien, die dort nicht hingehören, haben Sie künftig die Dinge griffbereit bei der Hand. Vor allem aber wird es Ihnen besser gehen, denn das Gefühl »das gehört hier nicht hin« nagt nicht mehr unmerklich an Ihren Nerven.

Veranstalten Sie eine große Ringfinger-Aktion

Gewinnen Sie Ihren Partner, Ihre Familie für einen gemeinsamen Aufräumtag. Wenn Sie alleine wohnen, verabreden Sie mit Freunden, sich gegenseitig beim Entrümpeln zu helfen. Machen Sie allen Beteiligten (inklusive sich selbst) von Anfang an klar: Das ist keine bierernste Ordentlichkeitsveranstaltung, sondern ein Spaß!

Gemeinsam ist eine solche Aktion besonders effektiv, weil andere Menschen zu Ihren Dingen nicht denselben emotionalen Bezug haben wie Sie (»Den Teppich hatte ich schon in meiner allerersten Wohnung«). Als Partner- oder Familienaktion hat das zudem einen positiven Langzeiteffekt für Ihr Zuhause: Alle wissen nun Bescheid, wo der Platz für

SAMMELN SIE TRAUMHÄUSER

Kennen Sie das: Sie sehen in einer Zeitschrift eine Traumwohnung und es läuft Ihnen warm den Rücken herunter? »So würde ich auch gern wohnen!«, denken Sie, trauen sich aber nicht weiterzudenken, denn die Abbildung zeigt die Villa irgendeines Milliardärs. Legen Sie sich trotzdem eine kleine Sammlung solcher Sehnsuchtsbilder an. Sie hält Ihr Feuer der Veränderung wach. Eines Tages werden Sie sich ein Stück Berghüttenflair oder Südseeromantik in Ihren vier Wänden verwirklichen können!

die einzelnen Dinge ist. Zusatzeffekt beim Aufräumen mit Freunden: So manches gute Stück, das bei Ihnen überflüssig geworden ist, wird der eine oder andere Helfer gern als Geschenk entgegennehmen.

Das letzte Wort darüber, ob etwas bleiben darf oder die Mülltonne bzw. in die Altkleidersammlung gehört, sollte aber unbedingt derjenige behalten, dem die Sache gehört. Belohnen Sie sich nach Ihrem Aufräumtag mit einer schönen gemeinsamen Freizeitaktivität wie essen gehen oder Kino.

So bezwingen Sie Ihre Papierberge

Auch im Zeitalter der elektronischen Kommunikation gibt es noch unglaublich viel Papier. Leider oft in unpraktischen Stapeln, aber so muss das nicht bleiben.

So mancher Sofatisch hat seine Bestimmung als Zeitungsablage gefunden. Die Magneten an der Kühlschranktür können die Last der vielen Zettel kaum noch tragen. In den Regalen, eigentlich gedacht für Bücher, stapeln sich ungelesene Zeitschriften. Führen Sie ein Ringfinger-Ritual durch, um sich (in kleinen Schritten) von solchen ungesunden Blätterbergen zu befreien.

Professionalisieren Sie die Post

Wo man hinsieht, kleine Häufchen mit Papieren? Da hilft nur eins: Bauen Sie auch kleine Stapel mindestens einmal pro Tag ab, bevor daraus ein Papiermonster wird. Beherzigen Sie eisern das Sofort-Prinzip: Ein Schreiben von der Schule, das eine Unterschrift benötigt, unterzeichnen Sie in derselben Minute, in der Sie es vom Kind erhalten. Ist etwas telefonisch zu erledigen, greifen Sie am besten sofort zum Hörer, ohne das Papier wieder aus der Hand zu legen.

Stellen Sie die Altpapierkiste nicht mitten ins Büro

Sondern ganz an den Anfang, in die Nähe der Tür. Oder gleich in den Flur. Sortieren Sie aus der täglichen Post im Vorfeld alles aus, was nicht unbedingt auf den Schreibtisch muss: Prospekte, Umschläge, Werbung. Lassen Sie bestimmte Arten von überflüssigem Papier gar nicht erst in Ihre Zimmer. Auch für Verpackungsmaterial gilt: Bitte draußen bleiben! Halten Sie Ihre Arbeits- und Wohnräume von Kisten, Folien und all den anderen Umhüllungen frei. Nutzen Sie dafür irgendeine nicht so schöne Ecke. Oder Sie entsorgen Verpackungen möglichst sofort endgültig in den dafür gedachten Containern unseres durchorganisierten Recyclinglandes.

Entlasten Sie sich von Werbung

Ärgern Sie sich nicht über Werbung, denn sie ist ein bedeutender Wirtschaftsfaktor. Gut möglich, dass auch Ihr Arbeitsplatz im weitesten Sinne davon abhängig ist. Informieren Sie sich mit den oft gut gemachten und unterhaltsamen Broschüren. Aber bewahren Sie nur auf, was Sie später noch als Einkaufshilfe brauchen.

Bestellen Sie Versandhandelskataloge ab, die Sie nur flüchtig durchblättern: Bei Bedarf können Sie jederzeit wieder einen Katalog anfordern oder sehen sich das Warenangebot im Internet an.

ONLINE STATT PAPIER

Wenn Sie Telefon-, Strom- und andere Rechnungen nur in Ausnahmefällen schriftlich benötigen, können Sie diese auf online umstellen (und dadurch manchmal sogar etwas Geld sparen).

Wenn Sie merken, dass Sie Werbeblättchen und nicht persönlich an Sie adressierte Werbebriefe immer und grundsätzlich wegwerfen, bringen Sie einen Aufkleber »Bitte keine Werbung« an Ihrem Briefkasten an.

Gar nicht erst auf den Stapel

Viel herumfliegendes Papier hat nur den Zweck, Sie an eine Aufgabe zu erinnern. Erledigen Sie Kleinigkeiten daher möglichst gleich. Wenn Sie eine Rechnung sofort überweisen, kann das Papier in Ihren Bankordner und liegt nicht mehr herum. Legen Sie für Zeitungen und Zeitschriften einen bestimmten Zeitraum fest, wie lange sie aufgehoben werden sollen. Bei Tageszeitungen reichen drei Tage, bei Monatszeitschriften drei Monate. Es ist ausgeprochen selten, dass Sie in weiter zurückliegenden Ausgaben etwas suchen müssen. Die meisten Redaktionen unterhalten außerdem ein Internetarchiv, in dem Sie auf alle alten Artikel zugreifen können. Für Abonnenten ist dieser Service meist sogar kostenlos.

Bündeln Sie die Termine Ihrer Familienmitglieder in einem für alle zugänglichen Familienplaner. Dadurch besiegen Sie den unüberblickbaren Zettelwust an Pinnwand oder Kühlschrank. Notieren Sie Veranstaltungen, für die Sie sich noch nicht fest entschieden haben, ebenfalls im Familienplaner (mit Fragezeichen).

Geben Sie Papieren eine Heimat

Jedes Schriftstück, das Sie dauerhaft aufbewahren müssen, braucht einen Aufenthaltsort, an dem Sie es zuverlässig wiederfinden.

Eine Hängeregistratur ist der beste Ersatz für Ihre bisherigen Stapel. Besonders effizient ist ein Hängeordner für Termine. Dorthin kommt alles, was Sie oder andere Familienmitglieder zu bestimmten Terminen benötigen: Konzertkarten, Ideen für Ausflüge, Tagungsunterlagen usw. Legen Sie für jeden Termin eine Klarsichthülle an, die Sie mit einem Griff zu dem jeweiligen Ereignis mitnehmen können. Die einzelnen Hüllen liegen, nach Datum geordnet, in einer Hängemappe.

Anregungen für weitere Hängemappen: Finanzen, ehrenamtliche Tätigkeiten, unbeantwortete Briefe, Gesundheit, Freizeit, Stammbaum-Recherche etc. Vermeiden Sie ominöse Allzweckordner á la »Verschiedenes« – das kennen Sie ja schon vom Beschriften der Kisten im Kinderzimmer.

Aber Vorsicht: Wenn die Hängeregistratur als Endlager genutzt wird, funktioniert sie bald nicht mehr. Der Inhalt von Hängeordnern, auf die Sie nur noch selten zugreifen, wandert in beschriftete Stehsammler oder Leitzordner. Unterteilen Sie Ordner immer mit sinnvoll beschrifteten Registerblättern, sonst wird ein Ordner mit seinen über 500 Blättern zu einem unübersichtlichen Datengrab.

◯ LEGEN SIE EINEN ZENTRALSTAPEL AN

Die »Wo ist eigentlich?«-Frage nervt immer. Sammeln Sie Zeitungen, Zeitschriften und Prospekte, die Sie »bei Gelegenheit« lesen und dann wegwerfen möchten, an einem zentralen Ort, den alle kennen. Am besten eignet sich dafür ein nach oben begrenztes Regalfach. Sobald dort kein Platz mehr ist, müssen Sie handeln: Werfen Sie die unterste Schicht ungelesen weg, oder ziehen Sie sich mit dem Packen zum Lesen zurück. Manche Leute tun das gern auf dem stillen Örtchen. Platzieren Sie dort einen Zeitschriftenständer. Gewöhnen Sie sich an, vor absehbaren Wartezeiten etwas aus diesem »Zu lesen«-Stapel mitzunehmen.

So entrümpeln Sie auf liebevolle Weise

Die meisten Menschen behalten so viele Gegenstände, weil sie es als lieblos empfinden, die schönen Sachen wegzuwerfen.

D agegen hilft die Respekt-Methode: Jeder Gegenstand, den Sie besitzen, hat eine Funktion – eine praktische oder eine sentimentale. Geben Sie ihm den entsprechenden Platz. Die Grundregel lautet: Was Sie emotional erfreut, muss sichtbar sein. Was Sie benutzen, muss auffindbar sein. Setzen Sie außerdem Prioritäten: Behalten Sie nur Ihre liebsten und Ihre nützlichsten Gegenstände. Vermeiden Sie Ablenkungen, die dadurch entstehen, dass jede Oberfläche mit Dingen bedeckt ist. Deshalb ein paar Anregungen für einen respektvollen und doch ringfingermäßig befreienden Umgang mit den Dingen.

Würdigen Sie Kinderzeichnungen

Kleine Künstler können unglaubliche Mengen von Kunstwerken produzieren. Wohin damit? Die Lösung: Jedes Kind bekommt seinen

eigenen Ordner oder eine Mappe für seine Werke. Dadurch werden sie respektiert, aber der Platz ist automatisch begrenzt. Wenn die Mappe voll ist, darf das Kind selbst entscheiden, welche seiner älteren Produktionen es aussortiert. Das klingt grausam, aber probieren Sie es aus: Es ist verblüffend, wie kritisch Kinder nach ein, zwei Jahren mit ihren eigenen Werken umgehen.

Will ein Kind alles aufheben, drängen Sie es nicht zum Aussortieren. Will es alles wegwerfen, retten Sie die Stücke, über die es sich später einmal freuen wird. Sicher ist jedoch: Ein 18-Jähriger ist überfordert, wenn Sie

Grundregel: Jedes Ding hat einen Platz, jedes Ding hat seinen Platz.

seine gesamten Kinderzeichnungen aufgehoben haben. Stellen Sie etwas Ausstellungsfläche an der Wand für besonders schöne Kinderzeichnungen zur Verfügung. Die künstlerischen Leistungen Ihrer Kinder würdigen Sie nicht dadurch, dass Sie Unmengen davon aufbewahren, sondern indem Sie auswählen. Es ist wie bei einem Galeristen oder in einem Museum: Der Wert der Sammlung steigt nicht durch die Menge, sondern durch die Qualität der ausgestellten Stücke.

Nutzen Sie beim Kleiderschrank den Tüten-Trick

Halten Sie in Ihrem Kleiderschrank immer ein paar Plastiktüten bereit. Die erinnern Sie daran, ausgeleierte, nicht mehr passende oder nervende Kleidungsstücke regelmäßig zu entsorgen. Dadurch geben Sie den Sachen, die Sie gerne tragen, mehr Bedeutung. Wenn Sie etwas in eine Tüte gepackt haben, nehmen Sie sie gleich mit zum nächsten Kleidercontainer. Vereinbaren Sie mit sich: Nur wenn Sie so Platz geschaffen haben, dürfen Sie wieder Neues anschaffen.

Sammeln Sie Waisenkinder

Gehen Sie durch Ihre Wohnung und fahnden Sie nach heimatlosen Gegenständen, die aber noch sinnvoll verwendbar sind: Spielzeug, Kerzen, Prospekte usw. Finden Sie sinnvolle oder originelle Behälter für diese herumgeisternden Sachen: eine Plastikschatztruhe für herrenloses Spielzeug, eine alte Einkaufstasche voller Kerzen. Im schlimmsten Fall haben Sie zwar keine leere Wohnung, aber Ihr Plunder wird respektiert und in schöner Verpackung wenigstens zum Teil Ihres Dekors.

Leeren Sie am Abend Ihre Taschen

Wenn Sie am Abend nach Hause kommen, gewöhnen Sie sich folgendes Ringfinger-Ritual an: Alle Jacken- und Hosentaschen, Ihre Hand- oder Aktentasche, Einkaufstüten und anderen Behälter werden noch im Eingangsbereich der Wohnung ausgeleert. Sie werden staunen, wie viel unnötiger Plunder sich im Laufe eines Tages dort angesammelt hat. Erlauben Sie diesem Zeug nicht, dass es in Ihren wunderbaren, von Ihnen mit Respekt gewürdigten Wohnbereich hinein darf! Es wird noch im Flur durchgesehen und notfalls weggeworfen.

Nehmen Sie in der Wohnung Anhalter mit

Vor allem, wenn Sie über mehrere Stockwerke verteilt wohnen, gewöhnen Sie sich den Tramper-Blick an: Bevor Sie eine Treppe hinauf- oder hinuntersteigen, fragen Sie alle herumliegenden Gegenstände: »Wer will mit?« So sorgen Sie dafür, dass sich Geschirr, Schmutzwäsche, Müll und anderes Gerümpel gar nicht erst sammeln. Eine gute Idee ist der »Kellerkorb«: Er steht in der Küche und nimmt alles auf, was hinunter soll in Speisekammer, Waschküche, Werkstatt (oder was Sie sonst noch für Räume im Keller haben). Wer in den Keller geht, um etwas zu holen, nimmt den Korb mit und verteilt die Dinge entsprechend. Platzieren Sie in der Nähe des Ausgangs einen Korb, in den alles kommt, was bei der nächsten Auto- oder Radfahrt mitgenommen werden muss.

So werden Sie ungeliebte Aufgaben los

Beim Loslassen und Entrümpeln geht es nicht nur um Gegenstände. Mindestens ebenso nervig können Verpflichtungen, Versprechen und Aufgaben sein, die auf Erledigung warten.

Das Ringfinger-Ritual können Sie auch nutzen, um in diesem Bereich aufzuräumen. Dazu müssen Sie vor allem kühl planen. Wenn Ihnen alles über den Kopf wächst, gibt es nur eins: Benutzen Sie genau diesen Kopf, um aus der Situation herauszufinden!

Aus Belastungen Anreize machen

Das brauchen Sie nur einmal einen Tag lang durchzuhalten: Haben Sie ständig eine Karteikarte bereit, auf die Sie Ihre Sorgen schreiben. Sobald Ihnen ein Gedanke Angst einjagt (»Wenn ich bis 11 h diesen Job nicht fertig habe, bin ich unten durch«), formulieren Sie die befürchtete Strafe um in eine Belohnung: »Ich gewinne mächtig an Ansehen, wenn ich das bis 11 h geschafft habe.« Diesen Satz

*Selbstvorwürfe können Ihnen Ihre
Energie rauben.*

schreiben Sie auf. Merken Sie, wie Sie sich innerlich aufrichten und Ihren inneren Willensmuskel stärken?

Formulieren Sie Vorwürfe in Fragen um

Egal, ob Ihr Ehepartner, Ihr Chef, Ihr Kunde oder Ihr eigenes Inneres Ihnen Vorwürfe macht: Negative Urteile über Ihre Arbeit ziehen furchtbar herunter. Sie sind Meldungen einer Niederlage: »Sie haben es nicht geschafft, das Ding zu reparieren!«, »Du bist schon wieder zu spät dran!«.

Der Trick: Übersetzen Sie das Gemotze der anderen für sich selbst in eine Frage. Denn Fragen verlangen nach einer Antwort und schicken Sie auf die Suche nach einer Lösung. Dann hören Sie innerlich freundlichere Botschaften wie »Schaffe ich es, dieses Ding beim nächsten Versuch zu reparieren?«, »Werde ich nächstes Mal pünktlicher sein?« So machen Sie aus der ungeliebten Aufgabe eine Herausforderung, aus der Niederlage eine Aussicht auf den nächsten Sieg.

Behandeln Sie sich wie einen Freund

Wenn Sie sich dabei ertappen, sich selbst zu tadeln (»Du Idiot! Warum machst du das jetzt wieder!?«), stoppen Sie mitten im Satz. Fragen Sie sich, ob Sie so auch zu einem guten Freund gesprochen hätten. So freundlich und höflich Sie zu ihm wären, sollten Sie auch zu sich selbst sein. Sagen Sie zu sich: »Du hast dein Bestes gegeben in dieser vertrackten Situation. Das kriegst du schon wieder hin!« Dadurch werden Sie beim Angehen der nächsten Aufgabe Ihr eigener Verbündeter und sind nicht mehr Ihr eigener Gegner.

Verhandeln Sie, statt nachzugeben

Freundliche Menschen, die anderen gern einen Gefallen tun, packen sich ihre täglichen To-do-Listen besonders voll. Wenn Sie zu denen gehören, die man stets als Erste fragt, weil Ihnen das Nein-Sagen so schwer fällt – dann handeln Sie das nächste Mal wenigstens etwas dabei aus. Bringen Sie den Bittsteller ebenfalls zum Ja-Sagen! »Gut, ich fahre dich zum Bahnhof. Aber dafür bringst du uns abends eine frische Pizza mit.« »Ich schreibe Ihnen den Bericht noch heute und Sie packen das Paket für mich.«

⭕ ### ERST ÜBERLEGEN

Am besten wäre es, Sie gewöhnen sich das spontane Ja-Sagen ab. Lassen Sie den anderen ruhig etwas zappeln: »Ich muss mir das noch überlegen«, »Fragen Sie mich nachher noch einmal.« Seien Sie ruhig auch einmal »schwierig«. Damit steigen die Chancen, dass Sie auf Dauer etwas weniger oft gebeten werden.

Treten Sie sich nicht in den Hintern

Sondern klopfen Sie sich auf die Schulter. Wenn Sie sich selbst beschuldigen, dass Sie zu langsam arbeiten oder Ihre To-do-Liste nicht schaffen, gehen Sie die Liste Ihrer Erwartungen durch (die natürlich nicht in geschriebener Form vorliegt, wohl aber in Ihrem Kopf lagert) und fragen Sie sich ehrlich: War Ihre To-do-Liste jemals realistisch? Besteht der Mensch nur aus dem, was auf einer Liste abgehakt werden kann? Bleiben Sie freundlich zu sich. Klopfen Sie sich auf die Schulter für alles, was Sie heute geschafft haben. Und wenn es noch so wenig war. Sie haben gelebt – das ist doch was!

So schneiden Sie alte Zöpfe ab

Es ist kaum zu fassen, wie viel Zeit, Geld und Lebensfreude in Privathaushalten und Firmen verschwendet wird, weil ohne großes Nachdenken alles so gemacht wird »wie immer«.

D amit nicht auch Sie in der Wie-immer-Falle stecken bleiben, ein paar Anregungen für höchst praktische Ringfinger-Rituale, mit denen Sie so manchen umständlichen Brauch vereinfachen können.

Revolutionieren Sie das Protokollwesen

»Wer schreibt das Protokoll?« Das ist nach wie vor in vielen Firmen und Vereinen eine aufreibende Zeitvernichtungsmaßnahme. Nach dem Treffen quält sich das »Opfer« blumige Formulierungen ab und bedruckt viel Papier, das am Ende doch nur abgeheftet oder weggeworfen wird (hoffentlich, denn wenn alle Teilnehmer auch noch das ausführliche Protokoll lesen würden, stiege die Zeitverschwendung ins Unermessliche).

Stellen Sie um auf die Methode Sofort-Protokoll. Das geht so: Einer schreibt in seiner schönsten Handschrift in Listenform, wer was bis wann zu erledigen hat. Alle anderen Punkte (dass der Fahrradständer überdacht werden, die Computer auf das neue Betriebssystem umgestellt werden etc.) vermerkt derjenige in seinen eigenen Unterlagen, den es direkt betrifft. Am Ende der Sitzung wird das Sofort-Protokoll kopiert und allen Teilnehmern mitgegeben. Kein Versand, kein Nachsitzen, jeder hat es sofort!

Beenden Sie den Prognose-Wahnsinn

Bis zu 30 Prozent der Arbeitskraft in Firmen und Verwaltungen werden dafür verschwendet, Budgetplanungen aufzustellen und ihre

Einhaltung zu überprüfen. Dazu kommt, dass das meist nach dem Tante-Emma-Prinzip verläuft: »Wie hätten Sie's denn gern?« Mitarbeiter erstellen unrealistische Prognosen, um ihre Vorgesetzten zu erfreuen.

Machen Sie's wie Aldi oder die Schwedische Handelsbank und schaffen Sie Jahresplanungen ab. Orientieren Sie sich an der Wirklichkeit. Motivierte Mitarbeiter werden sich immer dafür einsetzen, dass die Firma optimal wirtschaftet, die Kunden zufrieden sind und die Produkte perfekt angeboten werden. Eine Abteilung, die im vergangenen Jahr 200.000 € Umsatz hatte, wird durch Budgets damit gequält, im nächsten Jahr 250.000 € erwirtschaften zu müssen. Liegt der Umsatz dann schlussendlich bei 240.000 €, macht sich trotz hervorragender Arbeit eine deprimierte Stimmung breit, die bis zum Niedergang des Unternehmens führen kann. In Zeiten von Wirtschaftskrisen kann sogar ein nur geringer Rückgang ein fantastisches Ergebnis sein.

Beherzigen Sie das auch in Ihrem privaten Umgang mit Geld. Wir werden uns immer mehr daran gewöhnen müssen, dass es fette Jahre geben wird und magere. Orientieren Sie sich weniger am Vorjahr, sondern mehr an Ihrer Umgebung.

Sagen Sie der Marktforschung Lebewohl

Viel Geld wird verschwendet für aufwendige Befragungen, durch die Ihre Kunden genervt werden und die nur selten objektive Ergebnisse bringen. Bei zufälligen Umfragen sind Kunden stets überdurchschnittlich zufrieden. Die gravierenden Fälle, bei denen sich ein Kunde schlecht behandelt fühlt, werden bei Umfragen wenn überhaupt nur durch Zufall erfasst.

Leisten Sie sich den billigen Luxus, selbst zu denken und zu probieren. Kunden wollen mehr als nur die Befriedigung ihrer Wünsche. Sie wollen überrascht werden. Erfolgsprodukte wie Walkman oder iPod waren Ideen von Unternehmern, nicht das Resultat von Umfrageergebnissen.

Versprechen Sie keinen Rückruf

Vielbeschäftigte Menschen rufen bei vielbeschäftigten Menschen an, hinterlassen eine Nachricht auf dem Anrufbeantworter, und der Angerufene versucht seinerseits, den Vielbeschäftigten ans Telefon zu kriegen. Solche Null-Kommunikation kann schlimmstenfalls kuriose Ausmaße annehmen und enorm viel Zeit kosten.

Nehmen Sie Ihren Mitmenschen die trügerische Illusion, Sie könnten immer für sie da sein.

Versprechen Sie keinen Rückruf. Sprechen Sie lieber auf Ihren Anrufbeantworter klar und deutlich Ihre E-Mail-Adresse. Ermuntern Sie Anrufer, es erst einmal per E-Mail zu probieren. Das schreckt faule Freunde des übermäßigen Delegierens wirksam ab. Außerdem enden viele telefonische Anfragen ohnehin mit einem präzisen Kontakt in schriftlicher Form.

Seien Sie nicht ständig erreichbar

Was als Wohltat begann, ist zu einer üblen Belastung geworden: Immer und überall sind Menschen per Handy erreichbar.

Trauen Sie sich, an diesem Punkt altmodisch zu sein. Sind Sie auf Reisen, legen Sie Zeiten fest, an denen Sie erreichbar sind. Schalten Sie Ihr Gerät ab und hören Sie einmal am Tag (oder seltener!) den Anrufbeantworter ab. Haben Sie keine Sorge, einen unendlich wichtigen Anruf zu verpassen. Solche Anrufer probieren es gern mehrmals!

Reisen Sie mit leichterem Outfit

Auf beruflichen Reisen oder Shoppingtouren können eine schwere Jacke oder ein dicker Mantel eine ziemliche Belastung werden. Stress entsteht häufig einfach dadurch, dass Sie ganz einfach zu warm angezogen oder übermäßig bepackt sind!

Gehen Sie in Gedanken Ihre Reise durch. Wann werden Sie wirklich an der kalten frischen Luft sein müssen? Häufig sind es nur kurze Momente zwischen Flughafen und Taxi, zwischen Bahn und öffentlichem Nahverkehr. Zum Warmhalten reichen oft ein Schal, Handschuhe, Mütze, Regenschirm. Für Männer kann in der Übergangszeit ein Pullover, unter der Anzugjacke getragen, einen dicken Mantel ersetzen. Bei Damen tut es – falls Sie keinen Blazer tragen möchten – die Kombination Regenmantel und Pulli.

HAUSHALTSTIPP: BÜGELN SIE WENIGER

Die wenigsten Menschen tun es gern, aber viele haben es von ihrer Mutter gelernt: Unterhemden müssen gebügelt werden, genau wie Poloshirts oder Pullover. Manche bügeln sogar ihre Unterwäsche.

Vereinfachen Sie Ihre Wäsche. Bei T-Shirts, die unter dem Hemd getragen werden, reicht es vollkommen, nur den Halsausschnitt kurz mit dem Bügeleisen zu bearbeiten, denn der Rest bleibt ohnehin unsichtbar. Achten Sie beim Kauf von Hemden auf das Zeichen »bügelfrei« und nutzen Sie's dann auch: Hemden in der Waschmaschine waschen, nicht schleudern und nass auf den Bügel hängen.

Weniger muda ist mehr

muda ist das japanische Wort für Verschwendung. Es bezeichnet alle Vorgänge in einem Betrieb oder einem Haushalt, die keinen direkten Wertzuwachs erzeugen.

Das Aufspüren und Eliminieren von *muda* nach japanischem Vorbild hat seit Mitte der 1980er-Jahre in Betrieben auf der ganzen Welt die Produktivität enorm gesteigert. Vorreiter war dabei die Firma Toyota. In vielen Firmen gehört diese Methode inzwischen zum Standard. In die Privathaushalte hat sie bisher noch kaum Einzug gehalten. Grund genug, sich mit den Erkenntnissen der klugen Asiaten aus der Perspektive des Ringfinger-Rituals »etwas weglassen!« zu befassen.

Wie viel *muda* es gibt

Wenn eine Arbeiterin in einer Fabrik zwei Metallteile zusammennietet, bringt sie das Produkt der Fertigstellung einen Schritt näher. Das ist Wertschöpfung. Wenn sie die beiden Teile aus dem 30 Meter entfernten Zwischenlager holt, ist das *muda*. Lägen diese Stücke neben ihr oder würden sie auf einer simplen Rutsche zu der Arbeiterin kommen, ergäbe das im Lauf eines Arbeitsmonats erhebliche Einsparungen.

Untersucht man Betriebe auf solche unproduktiven Vorgänge, kommt man zu erstaunlichen Werten. 90 Prozent *muda* sind in einem Unternehmen nichts Ungewöhnliches: Verwaltung, Meetings, Transportwege, Leerlauf. Auch Ihr Alltag wird aus einer Menge *muda* bestehen: Fahrzeiten, Warten, Unlust …

So spüren Sie *muda* auf

Wenn Sie erst den Blick für *muda* gewonnen haben, werden Sie auf Schritt und Tritt um sich herum Beispiele für solche Verschwendung menschlicher Energie entdecken.

Entscheidend für den Erfolg ist jedoch, dass nicht nur ein Einzelner Verbesserungsvorschläge macht und durchsetzt, sondern dass alle gemeinsam das Thema *muda* kennen, erkennen und etwas dagegen tun. Die klassischen sieben Arten von *muda* sind Überproduktion, Wartezeit, überflüssiger Transport, ungünstiger Herstellungsprozess, überhöhte Lagerhaltung, unnötige Bewegungen und die Herstellung fehlerhafter Produkte.

Dazu ein paar typische Beispiele als Anregungen für Ihren eigenen Feldzug gegen die unzähligen kleinen Energie-Lecks:

○ GEHT ES ÜBERHAUPT OHNE VERSCHWENDUNG?

Auf diese Frage gibt es eine ganz klare Antwort: Nein. Etwas Leerlauf ist normal, Arbeitspausen sind notwendig, muda ist lebenswichtig. Eine Firma ohne muda wäre eine unmenschliche Horrorvorstellung. Aber die Rechnung ist frappierend: Wenn es gelingt, in einem Unternehmen oder einem Haushalt den muda-Anteil von 90 auf 80 Prozent zu senken, hätte sich dadurch die Produktivität verdoppelt (von 10 auf 20 Prozent). Für die Arbeitenden dagegen ist es kaum spürbar, ob ihre unproduktive muda-Zeit 80 oder 90 Prozent beträgt.

Außerdem: muda (wie etwa der ständige überflüssige Gang ins Lager) wird selten als Erholung empfunden, sondern als zusätzliche Arbeit. Wenn es gelingt, die Produktivität entscheidend zu steigern, gewinnen die Arbeitenden Zeit für wirklich gesunde und froh machende Entspannung. Unternehmen, die den Kampf gegen muda erfolgreich geführt haben, sind an integrierten Fitness-Studios, einladenden Cafeterias und anderen menschenfreundlichen Details zu erkennen.

Beenden Sie das Zwischenlagern

Wenn Sie zwischen Arbeitsschritten Puffer-lager bilden, verschenken Sie viel Raum und Zeit fürs Ablegen, Ordnen und Entnehmen der Zwischenprodukte. Typische Einrich-tungen gegen *muda* sind einfache Rutschen oder Rollenbahnen, auf denen die halbferti-gen Teile von selbst zum nächsten Arbeits-gang gleiten.

Beobachten Sie eine Stunde lang in Büro und Haushalt, wie oft Sie etwas in die Hand nehmen, um es zu erledigen, aufzuräumen oder anderweitig zu bearbeiten – und es dann unverrichteter Dinge wieder ablegen. Jedes Mal *muda*!

Klassische Haushaltsbeispiele: Sie müs-sen jedes Mal in den Keller gehen, wenn eines der vielen kleinen Halogenbirnchen in Ihrem Arbeitszimmer kaputtgegangen ist. Oder Sie müssen kreuz und quer durch die Küche sau-sen, um den Frühstückstisch zu decken oder die Salatsoße zuzubereiten.

Denken Sie auch im Haushalt in Projekten (Projekt Lampe, Projekt Frühstück, Projekt Salatsoße). Platzieren Sie alle für ein Projekt benötigten Werkzeuge so nah beisammen wie möglich. Beim Projekt Lampe halten Sie die Ersatzbirnen in einem Schrank im selben Zimmer wie die Lampe bereit. Beim Projekt Frühstück haben Sie ein kleines Tablett im Kühlschrank, auf dem alle am Morgen be-nötigten Lebensmittel stehen. Für die Salat-soße sind Essig, Öl, Salz, Pfeffer, Kräuter an einem Platz in der Küche versammelt. Klingt vielleicht lächerlich, aber in der Praxis spart dieses Vorgehen viel Nachdenken und Zeit.

Besiegen Sie die Stapel

Besonders schlimm sind Zwischenlager, wenn sie so groß werden, dass sie nicht mehr kontinuierlich während eines halben Arbeits-tags abgearbeitet werden können: Stapel. Wenn Sie beim Bearbeiten der Post Häufchen bilden, um sie später zu bearbeiten, erzeugen Sie die Keimzelle von viel *muda*.

Verlegen Sie den Arbeitsplatz, an dem Sie Post bearbeiten, in die unmittelbare Nähe von Hängeregistraturen und allen wichtigen Ablagesystemen. Dadurch können Sie jedes einzelne Schriftstück beim ersten Anfassen um einen Schritt weiterbringen.

Schauen Sie weniger zu

Im Büro beobachten Menschen ungeduldig, wie der PC-Drucker etwas druckt, sich eine langsame Internet-Seite aufbaut oder sich der Kaffeeautomat langsam aufwärmt oder der Wasserkocher erhitzt – *muda*!

Beraten Sie gemeinsam, welche sinnvollen Mini-Arbeiten Sie während der vielen kleinen Zwangspausen tun könnten, die sich durch die Arbeit unserer vielen technischen Helfer ergeben. Entwickeln Sie Rituale, was Sie tun, während der Wasserkocher das Teewasser aufheizt, während der Tee zieht …

Arbeiten Sie nicht provisorisch

Wenn Sie etwas »schnell mal« halb fertig machen, um es später »richtig« zu erledigen, war Ihr erster Arbeitsgang eigentlich pure Verschwendung, also *muda*.

Erledigen Sie alle Aufgaben bereits beim ersten Mal in voller Qualität. Nach dem ersten Lesen einer Mail kommen Ihnen die frischesten Gedanken für eine gute Antwort; eine neu hereingekommene Arbeit gehen Sie mit mehr Elan an als etwas Altes von dem Stapel mit der inoffiziellen Bezeichnung »muss später noch in aller Sorgfalt erledigt werden«.

Treffen Sie sich seltener

Obwohl man sensibel geworden ist für Umweltbelastung, Geldverschwendung und Arbeitszeitvergeudung – es wird so viel gereist und getagt wie nie zuvor.

Gewöhnen Sie sich an, am Ende eines jeden Meetings zu fragen: War es wirklich nötig, dass wir uns persönlich getroffen haben? Können wir das nächste Treffen durch Telefonate oder E-Mails ersetzen?

Nehmen Sie als Faustregel: Jedes zweite Treffen kann entfallen. Wenn Sie der Einzige sind, der das Meeting für überflüssig hielt, wagen Sie es, sich für das nächste Treffen zu entschuldigen. Wägen Sie ab: Wie groß ist der Schaden wirklich, wenn Sie das nächste Mal nicht mit dabei sitzen, sondern nur telefonisch erreichbar sind?

In der Regel sind die Auswirkungen zu vernachlässigen. Aber es gehört eine Portion Ringfinger-Mut dazu, vertraute Rituale endlich zu verändern.

So können Sie anderen Menschen verzeihen

»Das verzeihe ich dir nie!« Auch wenn Sie diese Worte
noch nie direkt ausgesprochen haben – den Gedanken
kennen Sie bestimmt. Es ist ein Gedanke, der Sie
innerlich vergiften kann.

D as Grundritual des Ringfingers ist das
Loslassen. In den bisherigen Abschnit-
ten haben Sie gelesen, wie Sie das mit Gegenständen, Aufgaben und Arbeitsmethoden
machen können. Am Ende des Ringfinger-
Kapitels angelangt, kommen wir zur Hohen
Schule des Loslassens: Das Loslassen von
Verletzungen, die Ihnen durch andere Menschen zugefügt wurden.

Erinnern Sie sich noch, wann Sie gedacht
haben: »Das verzeihe ich dir nie!«? Vielleicht
angesichts eines Wort- oder Treuebruchs,
als Ihnen jemand schweren Schaden zufügte
oder als Sie verächtlich übergangen wurden.
Nicht verzeihen wollen – das vergiftet aber
nicht nur die Beziehung dauerhaft, sondern
auch Sie selbst. Indem Sie anderen Menschen Verzeihung schenken, schenken Sie

sich selbst inneren Frieden. Verzeihung ist die größte Art von »Entrümpeln«, zu der Sie Ihr Ringfinger führen kann.

Halten Sie sich nicht für moralisch überlegen

Verzeihen heißt zunächst: den eigenen Groll loslassen und den Gedanken aufgeben, dem anderen (der einen schlimmen Fehler begangen hat) überlegen zu sein. Wenn Sie einem anderen vergeben und dabei auf dem hohen Ross Ihrer eigenen moralischen Überlegenheit sitzen, dann schafft das keine Gemeinschaft, sondern wirkt trennend.

Sprechen Sie zu sich selbst: »Ich bin auch nicht besser.« Sie müssen es dem anderen gar nicht wortwörtlich sagen, aber in Ihrer Haltung sollten Sie es ausdrücken. Der Begriff Verzeihung betont, dass beide auf der gleichen Ebene stehen, wie zwei Kinder derselben Eltern. Deswegen ist er oft passender als das Wort Vergebung.

Verzeihen und vergessen Sie

Es wäre schön, wenn Sie nach einer Verletzung dem anderen Menschen nicht nur verzeihen, sondern die ganze unselige Geschichte aus Ihrem Gedächtnis löschen könnten. Doch das ist sehr schwierig, denn was Ihr Gehirn speichert, können Sie nicht kontrollieren. Wenn Sie jedoch Frieden mit Ihrer bitteren Vergangenheit schließen, werden Ihre Erinnerungen weniger schmerzhaft sein.

Lassen Sie Erinnerungen an vergebene Verletzungen zu.

Dadurch werden Sie davor geschützt, erneut in ähnliche Situationen zu geraten. Wecken Sie bewusst andere Erinnerungen, mit denen Sie die schlechten etwas relativieren können. Wenn Sie sich mit Ihrer Schwester nach langem Streit wieder vertragen, sprechen Sie mit ihr über die ganz frühen Zeiten, wie Sie als Kinder gut miteinander auskamen. Oder unternehmen Sie nach der Versöhnung gemeinsam etwas Erfreuliches. Dann fällt es leichter, die unangenehmen Erinnerungen an die Phase des Streits zu begraben.

Bleiben Sie stark

Suchen Sie das Gespräch mit dem Menschen, der Sie gekränkt hat. Ist das nicht (oder nicht mehr) möglich, machen Sie Ihrem Groll zumindest in Ihrer Fantasie Luft. Stellen Sie sich vor, dieser andere stünde vor Ihnen. Schütten Sie Ihren ganzen Ärger über ihm aus. Ballen Sie die Fäuste, stehen Sie zu Ihrer Wut. Durch diese Konfrontation machen Sie sich deutlich: Sie vergeben nicht aus einer Position der Schwäche heraus, sondern aus einer wunderbaren inneren Stärke.

Wechseln Sie Ihren Fernsehkanal

Ein schönes Bild für das richtige Verzeihen verwendet der US-amerikanische Psychologe und Vergebungsspezialist Fred Luskin: Stellen Sie sich vor, Ihre Gefühle wären Fernsehsender. Wenn bei Ihnen allzu oft der Grollkanal läuft, programmieren Sie Ihre Fernbedienung um. Setzen Sie die Kanäle Dankbarkeit, Schönheit, Liebe und Vergebung

Verabschieden Sie sich von Opfergeschichten

Wer nicht verzeiht, bleibt dauerhaft in einer Opferrolle gefangen. Schlimme Situationen haben häufig mit einer herzensguten Absicht von Ihnen angefangen. Gehen Sie in Gedanken zurück zu Ihrer damaligen positiven Absicht. Ein Beispiel: Sie hatten Ihrer Freundin Christiane etwas Vertrauliches erzählt, und die hat es weitergegeben. Dadurch zerbrach der gemeinsame Freundeskreis. Daraus entsteht die typische Opfergeschichte: »Christiane ist Schuld daran, dass wir uns nicht mehr verstehen.«

Erzählen Sie sich selbst anstelle dieser Opfer-Story Ihre alte Gute-Absicht-Geschichte: »Ich hatte Christiane vertraut, weil ich mir eine gute Freundin wünschte. Einige solcher wunderbaren Freundschaften habe ich in meinem Leben schon erfahren. Um neue gute Freunde zu finden, werde ich …«

Verzeihen Sie ohne Bedingungen

Gläubige Menschen fühlen sich von der Forderung bedrückt, sie müssten anderen verzeihen, damit ihnen Gott verzeiht. Aber dieser Gedanke stellt die Fakten auf den Kopf. Denn es ist die Grundlage des christlichen Glaubens, dass Gott die Menschen bedingungslos liebt. Das ist auch für Sie die gesündeste Art des Verzeihens: ohne Auflagen, ohne »ich vergebe dir, wenn du …«.

Wünschen Sie in Gedanken vor allem den Menschen Gutes, die Sie nicht mögen. Lösen Sie sich von Feindbildern. Sehen Sie die Welt nicht schwarzweiß, sondern farbig.

obersten Plätze. Schalten Sie öfter auf diese Kanäle. Empfangen Sie den Schönheitskanal, indem Sie Natur, spielende Kinder oder die Gesichter froher Menschen im Alltag wahrnehmen oder eigens suchen. Lassen Sie die passende Musik dazu laufen, empfangen Sie die guten Kanäle an Ihrem Lieblingsplatz im Park oder Garten. Üben Sie das Umschalten, wenn in Ihrem Gefühls-TV mal wieder der Wutkanal läuft.

Schalten Sie bei schweren und frischen Verletzungen den Grollkanal ruhig mal wieder ein, begrenzen Sie aber die Dauer der Sendung – etwa auf die fünf Minuten, an denen Sie abends den Schmutz vor der Haustür zusammenkehren.

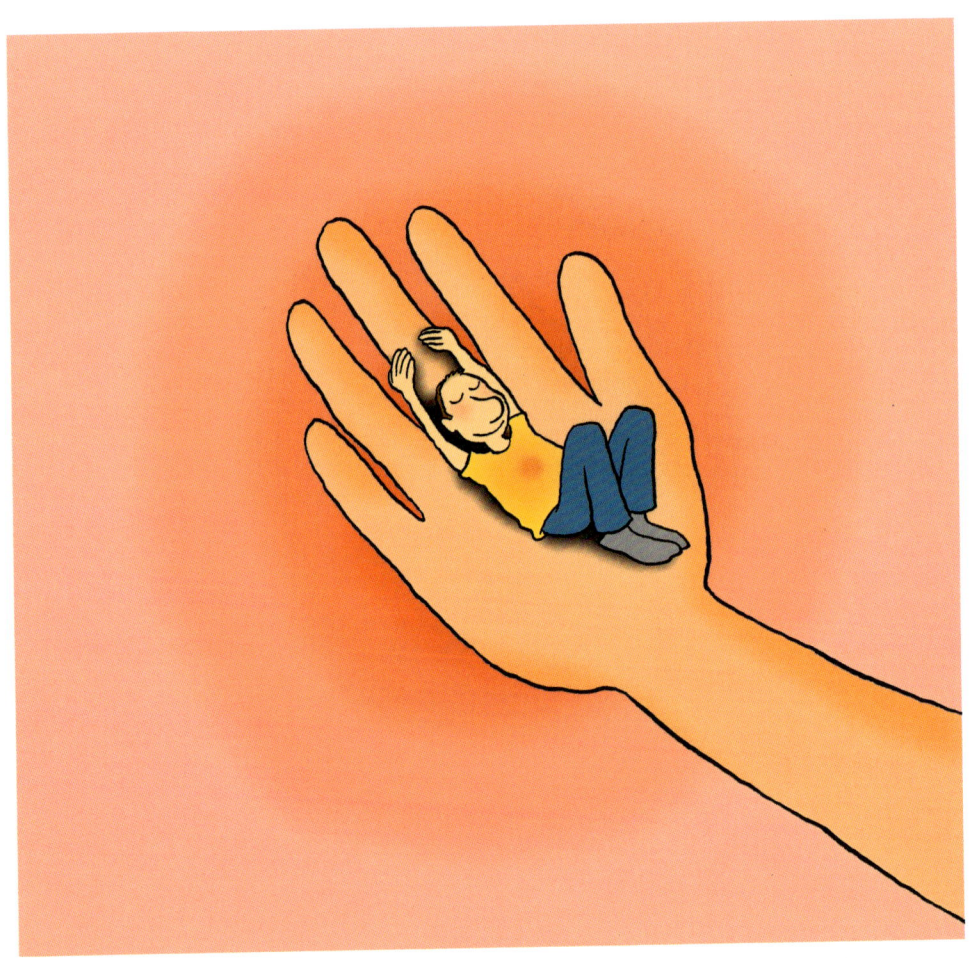

Der Mittelfinger: Die Mitte finden

- **Das Thema:** Die innere Mitte finden

- **Das Grundritual:** Drei tiefe, bewusste Atemzüge

- **Die einfachsten Übungen:** Tagträumen; Meditieren; ein Gebet, ein Mantra oder einen Trosttext lernen; mithilfe der Körpermitte Ruhe finden

- **Gute Sätze:** »Ich bin da.«
  »So unruhig es da draußen auch ist, in mir ist es ganz still.«
  »hmmmmmmmmm«

Entspannen Sie sich in 3-D

»Sie sollten einmal meditieren.« Immer häufiger geben Ärzte, Heilpraktiker und Therapeuten diesen Rat. Bei den Patienten stellt sich dann oft das Gefühl ein: »Ich mache doch schon so viel und jetzt soll ich auch noch meditieren!«

Tatsächlich ist Meditation nicht »noch etwas«, sondern »weniger als bisher«. Es ist wie mit Ihrem Mittelfinger: Sie müssen ihn nicht extra anschaffen für diese Rituale, sondern Sie haben ihn schon. Es geht nur darum, bewusst mit ihm umzugehen. Genauso ist es mit Ihrer Mitte: Sie haben sie bereits, seit Sie auf die Welt gekommen sind.

Um aber ein Gefühl dafür zu bekommen, brauchen Sie zunächst einmal Abstand zum Getriebe des Alltags. Suchen Sie sich einen ruhigen Ort abseits des Normalen, reservieren Sie sich einen Zeitraum für die Meditation und entspannen Sie sich. Das geht – zumindest am Anfang – nicht auf die Schnelle. Sie sollten sich dafür Zeit nehmen und in Schritten vorgehen.

Sie wissen, wie gut es Ihrem Körper tut, wenn Sie ihn einmal richtig entspannen. Viele Menschen wundern sich allerdings, dass sie sich trotz Massage oder Musik immer noch verkrampft und unfrei fühlen. Denn Körper und Geist zu lockern reicht nicht. Deshalb eine Anleitung, wie Sie auf mehreren Ebenen ruhig und gelassen werden können.

Die erste Dimension: Luft und Geist

Mit jedem Atemzug schenken Sie Ihrem Körper Sauerstoff und geben Kohlendioxid (CO_2) an Ihre Umwelt ab. Das ist nicht einfach ein Abgas oder gar ein Gift, wie es die populärwissenschaftliche Diskussion um CO_2 manchmal vermuten lässt. CO_2 ist ein lebenswichtiger Bestandteil unserer Natur. Es hält (in gesunden Mengen) die Erde warm und lässt Pflanzen wachsen. Hunderte Millionen Jahre gab es auf dem jungen Planeten Erde keinerlei Pflanzenwelt, weil noch keine Lebewesen da waren, die CO_2 produzierten. Erst ganz allmählich entstand das kunstvolle Gleichgewicht von Tier- und Pflanzenwelt, das zu einer unvorstellbaren Fülle von Arten führte und schließlich uns Menschen hervorbrachte.

Atmen Sie tief ein und aus. Spüren Sie, wie vital und kostbar dieser Vorgang ist. Besonders das Ausatmen gibt Ihnen ein kraftvolles Gefühl von Reinigung und Erneuerung. Nicht nur beim Einatmen, auch wenn Sie gähnen, führen Sie Ihrem Körper Sauerstoff zu und stärken sich. Sobald Sie merken, dass Sie müde werden: Gähnen Sie lange und herzhaft. Rekeln und strecken Sie sich dabei. Das ist wie Yoga – nur viel einfacher.

Nichtsdestotrotz gibt es Situationen, in denen Ihre Umgebung wenig Verständnis für eine ausgiebige Gähn-Session haben wird. Ein gute Alternative: Wackeln Sie mit den Zehen, oder krallen Sie sie für zehn Sekunden zusammen. Dann lassen Sie wieder los. Oder drücken Sie einen anderen Teil Ihrer Füße

DER MITTELFINGER IM HANDPSALTER DES MAUBURNUS

Der Mittelfinger steht bei Mauburnus für Trost, Ermutigung und die Verhütung des Bösen. Wenn der Meditierende das unterste Fingerglied berührt, soll er über die bewusste Verhütung des Bösen nachdenken. Beim mittleren Mittelfingerglied geht es darum, das gute Handeln zu planen und beim obersten Fingerglied mit der Fingerspitze soll er zuversichtlich das Gute vollbringen.

für einen Augenblick fest auf den Boden und entspannen Sie ihn dann wieder.

Die eigenen Grenzen erfahren

Zu Beginn einer Meditation sind die meisten Menschen sehr konzentriert. Sobald sie sich aber entspannen und nur noch auf ihre Atmung achten, beginnen ihre Gedanken zu wandern. Das paradox erscheinende Gegenmittel: Akzeptieren Sie, dass Sie nicht ungestört meditieren können, sondern es immer innere Ablenkungen geben wird. So erreichen Sie ein wichtiges Stadium: Sie werden sich Ihrer Grenzen bewusst. Damit bereiten Sie den Boden für die wirklich erhellenden Momente – die Sie erleben werden, wenn Sie es gar nicht erwarten.

Die zweite Dimension: Wasser und Erde

Zwei Drittel Ihres Körpers bestehen aus Wasser, das dem Meerwasser ähnlich ist. Wenn Sie baden, sind Sie in »Ihrem Element«. Psy-

chotherapeuten haben die Erfahrung gemacht, dass verschlossene Patienten offener reden können, wenn sie in der Badewanne sitzen. Besonders entspannend: Lassen Sie sich so tief sinken, dass Ihre Ohren unter Wasser sind und Sie dem Rauschen zuhören können (vorausgesetzt, Wasser in den Ohren ist Ihnen nicht unangenehm). Sie können also durchaus auch einmal in der Badewanne oder in einem Thermalbad eine kleine Meditation abhalten.

Meistens wird Ihre Meditation aber auf dem Trockenen stattfinden, dem Element Erde. Bringen Sie Ihre Gedanken auf den Boden, indem Sie Ihren Körper buchstäblich in diese Richtung sacken lassen. Fläzen Sie sich in einen tiefen Sessel oder auf ein paar Polster auf dem Boden und genießen Sie diesen Augenblick. Falls Sie glauben, Sie müssten aufstehen und irgendetwas tun, hilft Ihnen die Schwerkraft: Sie bleiben länger sitzen oder liegen, als Sie es auf einem Hocker täten.

Auch Essen entspannt

Eine auf den ersten Blick ungewöhnliche Möglichkeit zur Entspannung ist es, eine Kleinigkeit zu essen. Essen ist gut für Körper und Geist. Im Bruchteil einer Sekunde nimmt Ihr Gehirn dabei wohltuende Aromen und Geschmacksempfindungen auf und freut sich daran. Lassen Sie, was Ihnen schmeckt, auf der Zunge zergehen, das stimuliert auch Ihre Gedanken. Ein winziges Stückchen Kuchen soll Marcel Proust dazu inspiriert haben, aus einer Erinnerung heraus »Auf der Suche nach der verlorenen Zeit« zu schreiben.

> **NICHT NEBENHER**
>
> Essen Sie nicht bei der Arbeit oder beim Fernsehen, auch nicht unterwegs im Laufen. Nehmen Sie sich dafür bewusst Zeit und setzen Sie sich. Denn erst mit der Ruhe entsteht Raum für Genuss und Entspannung.

Die dritte Dimension: Zeit

Wenn Sie während der Arbeit merken, dass Sie kurz vorm Wegdösen sind, nehmen Sie dies als Warnsignal. Ihre Geistesgegenwart und Urteilskraft brauchen eine schöpferische Pause. Machen Sie ein kurzes Nickerchen, oder setzen Sie sich hin zum Tagträumen. Danken Sie Ihrem inneren Schweinehund: Solche kleinen Inseln im unaufhörlichen Strom der Zeit können Sie womöglich vor einem Infarkt bewahren!

Erfahren Sie den Wert des Zögerns und der Geduld.

Gerade wenn Sie sich gern und lebhaft an Diskussionen beteiligen: Schalten Sie auch einmal um, lehnen Sie sich zurück und hören Sie nur zu. Erleben Sie, dass Sie auch ohne Worte aktiv teilnehmen können. Die anderen beachten dann umso genauer Ihre Gestik und Mimik. Oder Sie machen die ausgesprochen entspannende Erfahrung, dass und wie gut es auch ohne Sie geht. Frei nach dem berühmten Wort von Papst Johannes XXIII., der nach seiner Wahl zum Papst von einem Engel im Traum als wichtigste Botschaft empfangen haben soll: »Giovanni, nimm dich nicht so wichtig!«

Stellen Sie etwas zurück, das Ihnen vorher dringlich erschien. Sagen Sie einen Termin oder eine Verpflichtung ganz ab. Fühlen Sie Ihre Stärke, wenn Sie über Ihre Zeit herrschen, anstatt sich von anderen antreiben zu lassen. Schaffen Sie Raum für neue Erfahrungen.

Die kritische Frage: Kann man im Alltag meditieren?

Bei dem Begriff Meditation denken die meisten Menschen an buddhistische Mönche oder Klosterbrüder in Versenkung, an den Dalai Lama oder lächelnde Gurus im Lotussitz mit einer Blumenkette um den Hals. Aber es geht auch anders.

Es gibt Meditationskurse, Meditationslehrer und Meditationszentren, die durch ihre pure Anwesenheit den Eindruck vermitteln: Meditation ist schwierig. Man muss sie geduldig erlernen und üben, das erfordert Zeit und Geld. Nebenbei geht das jedenfalls nicht.

Mit dem Mittelfinger-Ritual möchte ich diese Einschätzung korrigieren. Meditieren heißt, die eigene Mitte zu finden. Mehr nicht. Meditation mithilfe des Mittelfingers ist Lebensvereinfachung schlechthin. Meditation bedeutet im Kern: weniger tun, abschalten, die Umwelt und sich vereinfachen. Lassen Sie alle Vorstellungen los, Sie müssten jetzt etwas Bestimmtes tun, Übungen durchführen, ein System erlernen und ihm folgen. Meditation heißt, genau das zu lassen. Denn Übungen, Systeme, Vorstellungen – das ist alles nicht die Mitte, sondern die Peripherie. All der Trubel und die Gedanken des Alltags sind nur die Vororte Ihres inneren Zentrums.

Mittelfinger-Mini-Meditationen für den Alltag

Viele Menschen könnten so glücklich sein, aber sie verbauen sich Ihr Glück durch Gedanken an die Vergangenheit oder Sorgen über Zukünftiges. In solchen Momenten verpassen sie das wirkliche Leben – das Leben, das sich in diesem Augenblick abspielt und ihnen in diesem Augenblick Schönes und Wunderbares bietet. Schuld daran ist die einzigartige Möglichkeit des Menschen, in seinen Gedanken blitzschnell durch die Zeit zu reisen – zu alten Erinnerungen und zu zukünftigen Plänen.

Um mit dem gegenwärtigen Leben verbunden zu sein ist es notwendig, den Denkprozess zu verlangsamen. Wenn Sie zu schnell hin- und her denken, hindern Sie sich daran, im gegenwärtigen Augenblick glücklich zu sein. Wie lässt sich das erreichen? Die meisten Meditationslehrer haben eine verblüffend einfache Lösung: von Zeit zu Zeit bewusst atmen. Dadurch beruhigen sich Ihre Grübeleien über vergangenen Kummer und zukünftige Sorgen. Sie finden in der Gegenwart Ruhe und gestalten Ihr Leben intensiver.

Der Mittelfinger-Kreis

Diese einfache Mittelfinger-Übung können Sie zu jeder Tageszeit und an beinahe jedem Ort durchführen. Legen Sie Ihre Mittelfinger sanft aneinander, die anderen Finger berühren sich dabei nicht. Spüren Sie, wie Sie damit einen Kreis schließen, der durch Ihre Arme, durch Ihr Herz und durch Ihre Lungen geht. Atmen Sie ein und sagen Sie zu sich: »Beim Einatmen schenke ich meinem Körper Ruhe«. Beim Ausatmen sagen Sie still: »Beim Ausatmen lächle ich.« Wiederholen Sie das mindestens zehnmal, danach atmen Sie im gleichen Tempo weiter. Fühlen Sie, wie die Vergangenheit und die Zukunft auf wunderbare Weise verschwinden. Es ist nur noch der gegenwärtige Moment da. Sie leben vollkommen im Jetzt. Sie sind dem Leben begegnet und allem Guten, das Sie umgibt.

Wenn sich Ihr Atem beruhigt, werden Körper und Geist ebenfalls ruhig und sanft. Ihr Lächeln kann Hunderte von Muskeln entspannen. Weil Sie die Augen dabei offen halten, können Sie diese Übung fast überall machen: im Büro oder zu Hause, bei einem Meeting, beim Warten …

Schaffen Sie Gemeinschaft beim Essen

Auch Ihre Mahlzeiten können Sie zum Anlass für bewusstes Atmen machen. Wenn Sie Ihr Essen dankbar genießen, wird das Leben in diesem Augenblick wirklich. Sobald Sie sich an den Tisch zum Essen gesetzt haben, sagen Sie still zu sich: »Beim Einatmen beruhige ich meinen Körper. Beim Ausatmen lächle ich.« Dreimal. Drei Atemzüge genügen, um zu sich zu finden. Danach sehen Sie beim Ein- und Ausatmen jeden einzelnen am Tisch an, um mit sich selbst und den Menschen um Sie herum in Kontakt zu kommen.

Halten Sie Ihre Mittelfinger aneinander und versuchen Sie zu spüren, ob auch die Runde um den Tisch eine gemeinsame Mitte hat. Oft wird sehr gedankenlos in Gemeinschaft gegessen. Aber schon mit einer einzigen kleinen Bemerkung können Sie eine lose Gruppe in eine gute Gemeinschaft verwandeln: »Schön, dass wir zusammen sind!« »Ach, ich liebe es, wenn ich nicht allein essen muss!«

○ ERLEBEN SIE DAS GLÜCK DER GEGENWART

Glück ist nur in der Gegenwart zu finden. Im gegenwärtigen Moment zu sein heißt, dem Tageslicht und der Dunkelheit der Nacht zu begegnen, dem Wind und der Windstille, dem Lärm und der Ruhe. Dieses Glück ist jederzeit erreichbar – auch für Sie. Gerade in Belastungssituationen können Sie mit dem Blick auf Ihren Mittelfinger und mit wenigen bewussten Atemzügen dorthin zurückfinden, wo es Ihnen gut geht: in der Mitte der Welt, im Hier und Jetzt.

Meditativ telefonieren

Bleiben Sie das nächste Mal, wenn Sie das Telefon klingeln hören, zunächst wo Sie sind, atmen Sie zweimal bewusst ein und aus, wieder mit den Sätzen: »Beim Einatmen beruhige ich meinen Körper. Beim Ausatmen lächle ich.« Nehmen Sie das dritte oder vierte Klingeln des Telefons als Ruf wahr, in den Augenblick zurückzufinden. Sie werden viel entspannter sein, wenn Sie erst nach dem zweiten bewussten Atemzug den Anruf entgegennehmen – was nicht nur für Sie, sondern vor allem auch für den Anrufer eine Freude ist.

Diese Übung wirkt Stress und Niedergeschlagenheit entgegen, denn nach den zwei bewussten Atemzügen sagen Sie nicht mehr »Oh je, wer will denn schon wieder etwas von mir ...«, sondern erinnern sich vielleicht, mit wie vielen Menschen Sie über diese technische Errungenschaft verbunden sein können. Sehen Sie während des Gesprächs auf Ihren Mittelfinger – als Erinnerung an Ihre eigene Mitte und die Mitte, die es vielleicht zwischen Ihnen und Ihrem Gesprächspartner gibt. So ein kleiner Gedanke kann aus einem Standardgespräch eine Erfahrung von Gemeinschaft machen.

Autofahren als Aufmerksamkeitsübung

Meist läuft der Prozess des Autofahrens nicht besonders bewusst ab. Wer am Steuer sitzt, ist konzentriert auf die Außenwelt, und das ist gut so. Da Menschen vorwiegend ans Ankommen denken, sind sie über rote Ampeln in der Regel nicht glücklich. Sehen Sie in der nächsten roten Ampel ein Signal für

Staus sind wunderbare Symbole für die unabänderlichen Gegebenheiten des Lebens.

Achtsamkeit. Lassen Sie sich von ihr daran erinnern, nicht nur ans zukünftige Ziel zu denken, sondern in den gegenwärtigen Moment zurückzukehren. Lächeln Sie der Ampel zu und erinnern Sie sich an die Atemsätze: »Beim Einatmen beruhige ich meinen Körper. Beim Ausatmen lächle ich.«

Sehen Sie Ihre Hände auf dem Lenkrad an, strecken Sie Ihre Mittelfinger aus. Sehen Sie, dass das Lenkrad eine Mitte hat und Sie auch. Aus einem Gefühl der Ungeduld oder der Hast kann dadurch ein angenehmes Gefühl der Gelassenheit werden und aus der vorher ungeliebten roten Ampel wird eine Art magisches Licht der Gegenwart.

Wenn Sie in einem Stau stecken, lehnen Sie sich nicht dagegen auf. Lehnen Sie sich stattdessen zurück, atmen und lächeln Sie.

So finden Sie Ihre innere Mitte

Zu sich selbst zu finden, ist ein schwieriger, lebenslanger Prozess, sagen die Meister der Meditation. Aber auch der größte Meister hat irgendwann einmal angefangen. Also: Wenn nicht jetzt, wann dann?

Wenn Sie sich entspannt haben, suchen Sie Ihre Körpermitte: Setzen Sie sich locker hin, atmen Sie ruhig und konzentrieren Sie sich darauf, wie die Luft in Sie hineinströmt, in Ihren Lungen verweilt und Ihre Mitte dann wieder verlässt. Oder legen Sie sich mit dem Rücken auf den Boden und atmen Sie ruhig, aber intensiv. Legen Sie Ihre Hände auf den Bauch und spüren Sie die Atembewegungen. Nach einigen Atemzügen legen Sie eine Hand auf den Rücken, die andere auf den Bauch und entwickeln Sie ein Gefühl für diese Ihre »Mitte« zwischen Ihren Handflächen.

Inder nennen diesen Ort knapp unterhalb des Bauchnabels und die dort enthaltene Energie Hara. Verlagern Sie Ihr Bewusstsein vom Kopf in diesen Hara-Raum. Denken Sie

mindestens zehn Minuten lang an nichts anderes. Das einzige Hilfsmittel, das Sie zum
Meditieren brauchen, ist daher ein Kurzzeitwecker. Und zwar nicht, damit Ihre Meditation nicht ausufert, sondern damit Sie nicht
zu kurz wird. Denn gerade am Anfang werden Ihnen die zehn Minuten unendlich lang
vorkommen. Besonders elegant geht es mit
der kostenlosen iPhone-App Equanimity, die
sich nach der eingestellten Zeit mit einem
sanften Gong meldet.

Wenn Gedanken kommen, lassen Sie sie
von Ihrem Atem davontragen – wie ein Blatt
auf einem langsam fließenden Fluss, dem
Sie freundlich beim Davongleiten hinterher-
sehen. Bald werden Sie auf diese Weise immer weniger denken. Sie sehen vor sich vielleicht eine schneeweiße Fläche, eine endlose
Wüste, ein freundliches, nachtblaues Dunkel
oder auch gar nichts. So sind auch Ihre Gedanken: leer, lautlos, ohne jede Bewegung.

Körpermeditation

Glückwunsch, das war bereits Ihre erste Meditation! Genauer gesagt, eine Körpermedi-
tation. Mehr ist nicht zu tun, im Gegenteil:
Üben Sie jeden Tag, mit immer weniger Gedanken, Anstrengung und Absichten Ihre
Mitte zu finden.

Das geht im Liegen, im Sitzen auf dem
Boden oder auf einem Stuhl. Finden Sie die
Form, die Ihnen am angenehmsten ist. Tun Sie
es an einem Ort, an dem Sie sich wohl fühlen.
Fangen Sie klein an, fünf Minuten täglich und
dann langsam verlängern – so lange, wie es
Ihnen gut tut.

Schließen Sie ab mit einem kleinen Ritual:
Sprechen Sie einen Sinnspruch, der Ihnen
wichtig ist. Oder beten Sie ein Vaterunser.
Oder lesen Sie ein Bibelwort. Verbeugen Sie
sich tief, oder bekreuzigen Sie sich. Am Ende
verabschieden Sie sich freundlich von Ihrem
Meditationsort und Ihrer Meditationszeit.

Gegenständliche Meditation

Wenn Sie es schaffen, ohne Anstrengung und
ohne schlechtes Gewissen jeden Tag Ihre innere Mitte zu finden, können Sie Ihre Meditationszeit vorsichtig wieder mit Gedanken
füllen. Suchen Sie sich einen Gegenstand aus
der Natur. Gut geeignet zum Einstieg sind
ganz einfache Formen wie ein Stein, eine
Blume oder eine Feder. Oder Sie nehmen
ein Bild eines Künstlers, das Ihnen gut tut.
Lassen Sie Ihre Gedanken zu diesem Gegenstand kommen, etwa so, wie Gäste zu Ihnen
kommen. Beobachten Sie Ihre Einfälle, ohne
sie zu beurteilen oder zu verurteilen.

Werden Sie ganz offen für den Gegenstand
und Ihre Empfindungen dazu, tauchen Sie
tief in ihn ein und verbinden Sie sich mit ihm.
Sie werden merken, dass Sie eigentlich jedes
Bild und jedes Ding in Ihre Mitte und innere
Tiefe führen kann.

Die bilderlose Meditation

Im nächsten Schritt geht es darum, die Bilder wieder zu verlassen. Meister der fernöst-
lichen Meditation benutzen dazu paradoxe
Bilder, die sie sich vorzustellen versuchen:
lautlos in die Hände klatschen, bewegungslos
laufen, das Fließen von stehendem Wasser.

Solche sogenannten Koans dienen dazu, zur bilderlosen Schau und hinter die Welt der Bilder zu gelangen.

Zugleich sind sie ein perfektes Training für die Welt hinter den normalen Gegensätzen des Alltags für den Zustand der sogenannten Nondualität.

So finden Sie den Weg jenseits der Gegensätze

Das Mittelfinger-Ritual kann auch bedeuten, dass Sie im täglichen Stress und in den Polarisierungen Ihres Alltags vermitteln. Das ist etwas anderes, als sich bloß herauszuhalten. In der Meditation gibt es den Begriff Nondualität. Man kann diesen Zustand in der tiefsten Versenkung erleben: Gegensätze heben sich auf. Sie bleiben nebeneinander bestehen, ohne miteinander zu wetteifern. Unsere Gesellschaft braucht dringend Menschen, die diese Kunst beherrschen. Dazu kann Meditation einen wichtigen Beitrag leisten. In der Stille und Versenkung üben Sie, Widersprüche auszuhalten und Gegensätze bestehen zu lassen, ohne voreilige oder gar faule Kompromisse zu schließen.

Nondual handeln und denken kann nur, wer einen eigenen Standpunkt hat.

Einen, über den er nicht mit anderen streiten muss. Nondual denken und handeln hat also viel zu tun mit der eigenen Mitte.

Wenn Sie in einen schlimmen Streit hineingezogen werden, in einem sehr kämpferischen Umfeld arbeiten müssen oder wenn in Ihnen selbst mehrere gegensätzliche Meinungen um die Vorherrschaft kämpfen, dann hilft folgende Mittelfinger-Übung:

Schließen Sie die Augen und stellen Sie sich Ihren Gegner vor, bis er oder sie leibhaftig vor Ihnen steht. Dann tun Sie etwas in Gedanken, das Ihnen vermutlich großen Widerwillen bereiten wird: Begeben Sie sich in den Körper Ihres Gegners hinein. Stellen Sie sich vor, Sie werden er (oder sie). Ziehen Sie alles an, was der andere hat: seine Kleidung, seinen Körper, seine Sprache, seine Gedanken, seine Emotionen. Das fühlt sich in der Regel nicht gut an – das ist ganz normal. Denn Sie bleiben natürlich Sie selbst, während Sie versuchen, vollkommen im anderen aufzugehen. Genau diese Diskrepanz auszuhalten und sie für einen immer wieder in der Natur vorkommenden Zustand zu halten, das gehört zum Wesen der Nondualität.

Mentastics – meditieren mithilfe des Körpers

Es gibt viele Methoden, um auf einfache Weise zur eigenen inneren Mitte zu gelangen. Besonders pfiffig und rasch zu erlernen sind die Übungen von Dr. Milton Trager.

Viele Menschen wollen sich nicht nur bewegen oder Sport treiben, sondern gleichzeitig auch ihren Geist trainieren. Für diesen Zweck hat der US-amerikanische Arzt Milton Trager (1909–1997) »mentale Gymnastik« entwickelt, die er Mentastics nennt. Mentastics können Sie für sich allein oder mit einem Trainer üben. Sie benötigen dazu keinerlei Ausrüstung, sondern nur ein paar Minuten zwischendurch.

Stellen Sie die Frage nach der Leichtigkeit

Die Grundidee von Mentastics ist, alle Bewegungen beim Sport, bei der Gymnastik und im Alltag mit den Worten zu hinterfragen: »Was wäre leichter?« Beobachten Sie sich aufmerksam, wie angestrengt oder locker Sie eine Bewegung ausführen.

Finden Sie die »Ach was«-Gelassenheit

Wählen Sie einen Arm aus und fühlen Sie das Gewicht Ihres Armes, wie er aus der Schulter herabhängt. Heben Sie Ihre Hand 10 bis 20 Zentimeter hoch, lassen Sie sie fallen und auspendeln. Fragen Sie sich dabei: »Was wäre leichter?« Wie könnten Sie noch freier, noch lockerer, noch leichter Ihren Arm und Ihre Hand pendeln lassen?

Machen Sie weiter mit diesen immer leichteren Bewegungen, bis sich eine sanfte Welle Richtung Schulter ausbreitet. Finden Sie danach eine wegwerfende Handbewegung, als wollten Sie sagen: »Ach was!« Fragen Sie weiter: »Was wäre leichter?« Lauschen Sie auf die Antworten Ihres Körpers. Machen Sie Pausen, um die Veränderung zu spüren. Vergleichen Sie beide Arme und fühlen Sie den Unterschied. Suchen Sie dieses leichtere Gefühl danach auch im anderen Arm.

Verbinden Sie diese entspannte »Ach was«-Geste Ihres Arms mit Ihrem Mittelfinger. Wenn Sie das nächste Mal das Fünf-Finger-Ritual durchgehen, werden Sie vielleicht unwillkürlich diese lockere Geste durchführen. Dann haben Sie die Weisheit des Mittelfingers in Ihrem Körpergedächtnis gespeichert. Dadurch sind Sie tiefer mit sich und Ihrem Fühlen verbunden.

Stehen Sie in Balance

Immer wenn Sie stehen, wird Ihr Körper durch viele winzige Muskelbewegungen im Gleichgewicht gehalten. Spielen Sie mit diesen Reflexen: Fühlen Sie die sanften Druckveränderungen Ihrer Fußsohlen, während Ihr Körper subtil seine Balance sucht. Stellen Sie sich vor, wie Sie am Strand stehen und Ihr Gewicht von einer Seite zur anderen verlagern. Vergleichen Sie im Geist die Abdrücke Ihrer beiden Füße im Sand. Welcher ist tiefer? Konzentrieren Sie sich auf diese festere Seite mit dem tieferen Abdruck und fragen Sie sich: »Was wäre leichter?« Wie könnten Sie sich noch weicher und sanfter hinstellen? Wenn eine Veränderung eintritt, erlauben Sie sich, die neue Sanftheit durch das ganze Bein und seine Gelenke zu spüren.

Je sanfter und müheloser Sie stehen, desto wärmer werden Ihre Füße. Mit besserer Gesamtbalance geht es Ihrer Wirbelsäule besser.

Sie können Wartezeiten im Stehen für kleine Wohlfühlübungen nutzen.

Entspannen Sie Ihren Rücken mit dem sanften Kick

Verlagern Sie Ihr Gewicht auf eine Seite, und führen Sie mit dem freien Bein einen sanften Kick aus, als wollten Sie Zehen und Fußrand von Sandkörnern befreien. Wechseln Sie das Bein regelmäßig und versuchen Sie, mit möglichst geringem Aufwand die Beine so auszuschütteln, dass Sie Ihre Muskulatur als vollkommen gelöst empfinden. Spüren Sie die feine Welle, die sich von den Beinen in den Rücken ausbreitet? Vertiefen Sie dieses Loslassen immer wieder mit der Frage: »Was wäre leichter?« Wie wäre es, mit diesem Gefühl durch den Tag zu gehen?

Auch diese Übung hilft, Kreuzschmerzen zu lösen. Mit einem freien Gefühl in den Beinen gehen Sie beschwingter durch den Tag. Ein positives Lebensgefühl breitet sich in Ihnen aus und Sie fühlen innere Kraft.

Lösen Sie Verspannungen mit der Seerosenmeditation

»Wie würde es sich anfühlen, wenn mein Kopf wie eine Seerosenblüte vom Wasser getragen wäre?« Stellen Sie sich diese Situation bildhaft vor. Fühlen Sie, wie Sie im Sitzen das Gewicht Ihres Kopfes auf der aufgerichteten Wirbelsäule über den Schultern balancieren, dann aber Ihr Kopf unter dem Kinn und rund um den Haaransatz im Nacken von der tragenden Kraft des Wassers unterstützt wird.

Fragen Sie wieder: »Was wäre leichter?« Fühlen Sie die feinen Wellenbewegungen des Wassers. Überlassen Sie sich der Oberflächenströmung Ihres Seerosenteiches wie einem sanften Tanz – leicht, frei und verbunden mit dem Rhythmus des Wassers. Schließen Sie die Augen und genießen Sie diese Empfindung.

Mit dieser Übung erhalten Sie die Beweglichkeit Ihrer Nackenmuskulatur und entspannen viele der beteiligten Muskeln. Wenn Sie gelöster und müheloser sitzen, wird auch Ihr Geist gelassener.

Heiligen Sie den Feiertag

»Ohne Sonntag gibt es nur noch Werktage«, ist der Slogan einer Kampagne der Kirchen für die Sonntagsruhe. Aber ganz gleich, ob Sie gläubig sind oder nicht: Es ist einfach klug, einen Tag in der Woche anders zu leben.

Man könnte es den Korea-Effekt nennen: In Südkorea, dem am schnellsten wachsenden Industrieland, wurde weltweit der höchste Stressfaktor in der arbeitenden Bevölkerung gemessen.

Viele Arbeitnehmer haben während der obligatorischen Sechs-Tage-Woche keinerlei Freiraum mehr für Privates. In Korea bleibt nur noch der Sonntag zum Einkaufen, Putzen, Waschen und Aufräumen. Einen Feiertag gibt es nicht mehr.

Auch in unserem Land beklagen mehr und mehr Menschen, dass das zum Entspannen gedachte Wochenende immer öfter angeknabbert wird von Arbeiten, die während der Wochentage nicht fertig wurden. Es ist Zeit, das zu ändern!

Lesen Sie im Folgenden, wie Sie die Woche geschickt strukturieren, um am Wochenende Zeit für sich und Ihre Lieben zu finden.

Beginnen Sie die Woche mit Schwung

Ob Ihr Wochenende erholsam wird, entscheidet sich schon am Montag, also sechs Tage davor! Wenn Sie es am Wochenbeginn gern »langsam angehen«, werden Sie Aufgaben von einem Tag auf den anderen verschieben – und am Wochenende gibt es wieder Stau. Klotzen Sie deshalb schon am Montag ran, als ob diese Woche der Mittwoch und der Donnerstag komplett ausfallen!

Der Montag ist auch der beste Tag, um Aufgaben zu delegieren oder Verpflichtungen vollständig loszuwerden. Die meisten Zeitmanagement-Probleme entstehen aus dem verzweifelten Bemühen, mehr zu schaffen als Ihnen eigentlich möglich ist.

Nein sagen gegenüber anderen ist schwierig. Aber es gelingt, wenn Sie es vorher laut zu sich selbst gesagt haben: »Nein, ich schaffe diesen Zusatzjob nicht. Ich mag mich trotzdem. Ich finde mich gut, weil ich endlich meine Grenzen erkenne.«

Planen Sie während der Woche das Wochenende

Vereinbaren Sie spätestens am Mittwoch mit Ihrer Familie oder Freunden etwas fürs Wochenende, das alle gern tun. Verplanen Sie aber nicht die gesamte Phase, sondern nur einzelne Zeit-Kleckse (Zirkus oder Kino am Samstagabend, Picknick oder Ausflug am Sonntagmittag). Dann können sich alle auf etwas freuen, haben aber noch ausreichend Muße und Zeit für sich.

Donnerstag ist ein guter Tag, um die Empfehlung der Schlafspezialisten umzusetzen und an einem Tag der Woche deutlich früher als sonst ins Bett zu gehen. Wenn Sie am Freitag erholt aufwachen, empfinden Sie das vor Ihnen liegende Wochenende nicht als bitter nötiges Auftanken, sondern als fröhliches Zeitgeschenk.

Nutzen Sie den Freitag als Mini-Fastentag. Lassen Sie das Abendessen und alle Süßigkeiten weg (das tut der Linie gut), das Fernsehen, das Internet-Surfen, den Alkohol … dann bereitet sich Ihre Seele aufs Wochenende vor und sammelt Vorfreude.

Nutzen Sie am Wochenende Ihre Zeit klug

Am Wochenende haben Ihr Partner und Ihre Familie Priorität. Einen Erholungseffekt erzielen Sie jedoch nur, wenn samstags und sonntags auch echte Ich-Zeit für Sie enthalten ist. Nehmen Sie sich Zeit für sich, für Stille und Meditation, hören Sie in sich hinein.

Gehen Sie nur auf einen Shopping-Ausflug, wenn er für alle Beteiligten Spaß bringt!

Ein Mix aus Sozialzeit und Eigenzeit ist die beste Energiequelle. Am Wochenende haben Sie selbst Priorität!

Einkaufsmärkte sind am Samstag überfüllt. Delegieren Sie Einkäufe, legen Sie mehrere Shoppingtouren zusammen oder bestellen Sie Dinge online. Investieren Sie Ihre Zeit in schönere Aktivitäten, als an der Kasse oder der Ampel zu stehen.

Der Samstag eignet sich angesichts der immer banaler werdenden Sendungen gut als fernsehfreier Tag, der Sonntag empfiehlt sich als internetfreie Zone. Der Tag ohne Internet ist übrigens bereits bei manchen Firmen zu einem festen Bestandteil der Woche geworden, damit die Mitarbeiter aus ihrem Trott herausfinden.

Sagen Sie auch einmal mit dem Mittelfinger Nein

Noch ein Tipp in Sachen Telefon. Rufen Sie am Wochenende Freunde und Verwandte, die gern stundenlang mit Ihnen ratschen, von sich aus an. Sagen Sie es gleich zu Beginn: »Ich wollte mal mit dir reden, muss aber in fünf Minuten los.« Außerdem ist die Chance groß, dass der andere seinerseits gerade wenig Zeit hat und nur kurz mit Ihnen sprechen will. Damit haben Sie den Kontakt gehalten, ohne Unmengen kostbarer Wochenendzeit zu verplempern. Schalten Sie Ihr Handy auf lautlos und nehmen Sie ein Gespräch nur an, wenn Sie das wirklich wollen. Lassen Sie ansonsten die ankommende Anrufe auf Ihren Anrufbeantworter laufen.

Haben Sie den Mut, den Mittelfinger ab und zu ruhig als »Stinkefinger« zu sehen. Zeigen Sie ihn (bitte nur in Gedanken) all den vielen Menschen und Aktivitäten, die ständig etwas von Ihnen wollen. Sie dürfen ruhig einmal die rote Karte zücken!

Schließen Sie Freundschaft mit sich selbst

Lebenskunst war früher ein Luxus. Mit der Lebenskunst konnte sich nur eine dünne Oberschicht befassen. Heute aber wird ohne Lebenskunst das Leben schwierig.

Viele Lebenshilfen, die für unsere Vorfahren selbstverständlich waren, sind inzwischen verloren: die Tradition (wie es früher gemacht wurde), die Konvention (wie es alle machen) und die Religion (wie Gott es befohlen hat). Früher war bis ins Detail geregelt, wie Leben und Zusammenleben aussehen sollten. Heute aber wird erwartet, dass Sie sich selbst etwas einfallen lassen. Das betrifft in erster Linie Ihren Umgang mit sich selbst. Wieder geht es darum, die eigene Mitte zu finden. Durch Meditation, Tagträume und ein gut gestaltetes Wochenende sind Sie dieser Mitte bestimmt schon ein gutes Stück näher gekommen. Aber lassen Sie uns dieses nur scheinbar selbstverständliche Phänomen der Selbstbetrachtung etwas genauer ansehen. Wenn Sie sagen »meine Mitte« – wer spricht da über wen?

Verstehen Sie die Einzelteile Ihrer Persönlichkeit

Ein Teil von Ihnen kommuniziert offenbar auf irgendeine geheimnisvolle Weise mit einem anderen Teil. Etwa der »Kopf« mit dem »Bauch«. Innerhalb Ihres Kopfes die verschiedensten eigensinnigen Gedanken. Innerhalb Ihres Bauches die gegensätzlichsten Gefühle. Jeder dieser Teile ist ein »Ich« für sich. Wenn Sie alle Teile so ins Verhältnis zueinander setzen, dass sie zu einem »Wir« werden, entsteht die Selbstfreundschaft. Der griechische Philosoph Aristoteles erkannte erstmals ihre Bedeutung: Es geht nicht mehr um die Frage »Wer bin ich?«, sondern um die Frage »Wer sind wir?«, also die Integration der verschiedenen Ichs in Ihrem Selbst.

Lassen Sie sich selbst auch einmal in Ruhe.

Gehen Sie freundlich mit sich um

Beginnen Sie mit Ihrem Körper. Freunden Sie sich an mit seinen angenehmen wie auch unangenehmen Seiten: Wohlsein und Unwohlsein, Lüste und Schmerzen, Gesundheit und Krankheit. Eine starke Erfahrung von Leben vermittelt Ihnen Ihr Körper nur in diesen Gegensätzen. Um aufzuleben, braucht er Ihre Aufmerksamkeit und Zuwendung. Daher ist es sinnvoll, sich mit dem eigenen Körper anzufreunden. Danach wenden Sie diese Erfahrungen auf Ihre Seele an. Freunden Sie sich an mit Ihren Gefühlen, Freuden und Ängsten, den Vorstellungen von Glück und Lebenssinn.

Leben Sie mit Ihren Launen

Lassen Sie ab und zu, wenn Sie »ich« sagen, das darin enthaltene »Wir« anklingen. Wie hört sich das an? Ist es ein rüdes »Wir, dieser zerstrittene Haufen«, ein müdes »Wir, dieser hoffnungslose Fall« oder ein freundliches »Wir, dieses sympathische Team«? Ihr »Wir« wird freundlich, wenn Sie mit Ihren alltäglichen Launen richtig umgehen. In Ihnen gibt es viele momentane »Ichs«: Gedanken, Gefühle, Wünsche, Ängste – und jedes davon würde gern Ihr gesamtes Selbst für sich in Anspruch nehmen. Am schönsten wäre es, Sie könnten dieses innere Machtspiel mit einem Machtwort beenden. Aber das geht nicht, denn jede Ihrer Launen ist ja ein Teil von Ihnen.

Geben Sie den Launen den Raum, den sie brauchen, und leben Sie mit ihrem täglichen Wechsel. Seien Sie gerecht gegenüber Ihren Teilen. Tun Sie jedem mal etwas Gutes, im richtigen Maß – er hat's verdient.

Da kann der Mittelfinger helfen und Ihnen zeigen, dass es trotz aller inneren Kämpfe eine gute Mitte gibt in Ihnen.

Lieben Sie sich selbst und die anderen

Viele Menschen fürchten, sich selbst zu verlieren. Oder Sie machen sich Sorgen, dass sie zu selbstsüchtig werden könnten. Der beste Weg verläuft in der Mitte zwischen diesen beiden Extremen: die Selbstfreundschaft zu steigern, bis sie zur Selbstliebe wird. Das können Sie paradoxerweise nicht allein, sondern dazu brauchen Sie andere Menschen. »Die Menschen, denen wir eine Stütze sind, die geben uns Halt«, hat Marie von Ebner-Eschenbach das einmal gut auf den Punkt gebracht. »Liebe deinen Nächsten wie dich selbst« ist eine alte, weise Lebensregel. Innerlich reich werden Sie nicht durch sich allein, sondern durch die Zuwendung und Zuneigung anderer.

SIE SIND NICHT EGOISTISCH

Wenn Sie sich selbst nicht mögen und nicht mit sich befreundet sind, haben Sie gar nicht die Kraft, für andere da zu sein. Lösen Sie sich von der Vorstellung, die eigene Mitte zu finden, habe etwas zu tun mit Egoismus. Es ist das pure Gegenteil:
Um wirklich für andere da sein zu können, müssen Sie erst einmal mit sich selbst in Frieden, Harmonie und Freundschaft leben.

Der Zeigefinger: Ziele setzen

○ **Das Thema:** Dem Tag und dem Leben eine Richtung geben

○ **Das Grundritual:** »Ich will!« sagen

○ **Die einfachsten Übungen:** Sich etwas vornehmen und in den nächsten zehn Minuten verwirklichen; einen Plan für den Rest des Tages machen; aufschreiben, was innerhalb des nächsten Jahres erreicht werden soll

○ **Gute Sätze:** »Das soll mir nie wieder passieren.« »Ab jetzt mache ich es besser.«

Die kritische Frage: Braucht man überhaupt Ziele?

Spontaneität ist heutzutage Trumpf, langwierige Planungen gelten als öde. Trotzdem ist es gerade in unserer Zeit sinnvoll, sich regelmäßig mit den eigenen Zielen zu beschäftigen.

Durch die Revolution in der mobilen Kommunikation – auf gut Deutsch: das Handy – hat sich unser Alltag tiefgreifender verändert, als viele Menschen ahnen. Weil jeder prinzipiell immer und überall erreichbar ist, wird weit weniger geplant als früher. Noch vor 20 Jahren war es bei jungen Leuten selbstverständlich, sich im Lauf der Woche für den Samstagabend zu einem bestimmten Zeitpunkt an einem bestimmten Ort zu verabreden. Das ist Nostalgie.

Wie Tarzan von Liane zu Liane, hangelt man sich von einer kurzfristig eingefädelten Gelegenheit zur nächsten. Der Standarddialog für derartige Verabredungen lautet inzwischen: »Kommst du morgen zu mir?« – »Ich ruf dich an.«

Dadurch ist das Leben spontaner und flexibler geworden, für jede Art von Gastgeber aber ist diese Unverbindlichkeit seiner potenziellen Gäste ein Albtraum. Veranstalter von Konzerten, Vorträgen oder Versammlungen usw. berichten, dass immer mehr Menschen in letzter Minute fernbleiben (»no show«) oder sie von einem vollkommen unerwarteten Ansturm überrollt werden – trotz Voranmeldung, Vorverkauf und anderen planerischen Maßnahmen.

Wer sich schwer tut größere Ziele zu definieren, hat weniger Glückserlebnisse als andere Menschen.

Auch im beruflichen Alltag fällt es anscheinend immer schwerer, sich sinnvolle Ziele zu setzen, diese dann in einzelne Schritte aufzuteilen und am Ende zu erreichen. In einem Umfeld der immer allgegenwärtiger werdenden Kommunikation dominiert immer mehr der Arbeitsstil »auf Zuruf«. Mitarbeiter spüren weniger Eigenverantwortung, da sie nach jedem einzelnen Arbeitsschritt anrufen können und fragen: »Wir sind fertig, Cheffe, was sollen wir jetzt machen?«

An die Stelle von Tatendrang und Erfolg tritt ein allgemeines Gefühl von Erschöpfung und Unzufriedenheit. Daher sollen Ihnen die vorgestellten Zeigefinger-Rituale helfen, wieder eine gesunde Dynamik in Ihr Leben zu bringen. Sie zeigen Ihnen, wie Sie gute Visionen entwickeln und mit welchen Methoden Sie diese Träume künftig Wirklichkeit werden lassen können.

○ DER ZEIGEFINGER IM HANDPSALTER DES MAUBURNUS

Sich das Elend des Menschen zu vergegenwärtigen, ist die Grundbedeutung des Zeigefingers bei Mauburnus. Das bedeutet in erster Linie, an die eigenen Unzulänglichkeiten zu denken – und wie sie sich überwinden lassen. Die drei Fingerglieder repräsentieren dabei die Vergangenheit, die Gegenwart und die Zukunft des eigenen Tuns: das Geschehene anerkennen und bereuen, den momentanen Augenblick nutzen für einen Entschluss zur Umkehr, die Zukunft begrüßen als weiten Raum für das gute Neue.

Sprechen Sie im Zeigefinger-Stil

Sprache ist ein kraftvolles Werkzeug, das nicht nur nach außen wirkt, sondern auch nach innen. Mit der Wahl Ihrer Worte können Sie Ihr Unterbewusstsein entscheidend beeinflussen.

Ob Sie kraftvoll oder kraftlos handeln werden, entscheidet sich bereits in Ihrer Sprache. Der Ausruf »Oh je, ist das heute wieder ein Stress!«, führt Ihnen viel weniger Energie zu, als wenn Sie laut zu sich und anderen sagen: »Es gibt viel zu tun!«, oder noch besser: »Heute werde ich eine Menge schaffen!« Wenn Sie sich einen Tag lang darauf konzentrieren, wie andere Menschen reden, werden Sie merken: Erfolgreiche Zeitgenossen sprechen anders als zaghafte, an sich selbst zweifelnde. Aktive Menschen formulieren positiver, sie beflügeln sich gleichsam selbst. So eine Sprache können Sie lernen und damit selbst aktiver werden. Die Grundidee ist einfach: Sprechen Sie im Zeigefinger-Stil (»Da will ich lang!«) und nicht mit ausgestreckter Abwehr-Hand (»Das will ich vermeiden!«).

Lieber ohne Konjunktiv

Es gilt zwar als höflich, Sätze mit »könnte, hätte, sollte, würde« zu formulieren, aber diese Möglichkeitsformen machen Aussagen kraftlos. Viel mehr Energie steckt in den Wirklichkeitsformen »kann, habe, soll, werde«. Dabei geht es keinesfalls um die grammatische Form eines Verbs, sondern um Ihre innere Einstellung beim Sprechen: »Ich würde gern mal wieder mit dir ins Kino gehen«, hat weniger Power als: »Ich habe Lust, mal wieder mit dir ins Kino zu gehen«. Formulieren Sie Ihre Anliegen klar und sprechen Sie Ihren Partner direkt an. Damit ändern sich auch Ihre Stimme, Ihre Körpersprache und Ihre gesamte Ausstrahlung.

»Wollen« statt »müssen«

»Ich muss …« ist für viele Menschen zu einer Gewohnheit geworden. Aber jedes einzelne Auftreten dieses Wortes verursacht Druck. Mit jedem »Muss« lenken Sie Ihre Wahrnehmung nach außen. Mit jedem »Muss« konzentrieren Sie sich auf die Aspekte Ihres Alltags, in dem Sie fremdbestimmt sind. Damit rauben Sie sich Freiheit und Motivation. Oft ist das »Ich muss« verbunden mit »schnell« oder »gleich«, also Eile und Hetze – noch eine stärkere Belastung! Jeder Druck erzeugt in Ihnen Gegendruck. Sie benötigen bei einer Formulierung mit »muss« mehr Kraft, um das Gleiche zu erreichen.

Die Lösung: Sagen Sie »ich werde« oder »ich will«. Hören und vor allem fühlen Sie, wie anders das klingt: »Ich werde bis zum Mittag alle diese Mails beantworten.«

Verwenden Sie »damit« ohne »nicht«

Binden Sie sich einen Schal um, damit Sie es schön haben und gesund bleiben – nicht, damit Sie keine Erkältung bekommen. Brechen Sie rechtzeitig auf, damit Sie pünktlich da sind – nicht, damit Sie nicht zu spät kommen. Jede negative Formulierung demotiviert, weil die Verneinung in Ihrem Unterbewusstsein oft nicht ankommt. Es hört stattdessen die Beschreibung dessen, was eigentlich vermieden werden soll: Erkältung, zu spät kommen. Wieder gilt: Zeigefinger statt abwehrender Handfläche. »Halten Sie die Vase gut fest«, klingt positiv und ist genauso klar wie: »Lassen Sie Vase nicht fallen.«

Vermeiden Sie »ein bisschen«

Über Ralph Siegels Grand-Prix-Siegerlied »Ein bisschen Frieden« wird auch nach 30 Jahren noch mit Recht gespottet. Das Gleiche gilt für

KEINE LARIFARI-FRAGEN

Besonders schlapp klingen Fragen im Konjunktiv. »Was würden Sie sagen über meinen Entwurf von heute Vormittag?«, ist eine völlig unnötige Abschwächung der klaren Frage: »Was sagen Sie zu meinem Entwurf von heute Vormittag?«

Wer weiß: Vielleicht wagen Sie nach einiger Zeit sogar das Wörtchen »viel« in Ihre Sprache einzubauen.

den Psychologen-Slang »Ein Stück weit«. Ein »Bisschen« ist ein »kleiner Biss«, also wenig und bedeutet Mangel. Sie können den Wirkungsgrad Ihrer Sätze spürbar steigern, wenn Sie solche verkleinernden Mengenangaben in Ihrer Alltagssprache weglassen – und damit auch aus Ihrem Bewusstsein nehmen. Ein guter Ersatz ist das Wörtchen »mehr«. Wünschen Sie sich für eine bestimmte Aufgabe nicht »noch ein bisschen Zeit«, sondern einfach »mehr Zeit«, dann steigen Ihre Chancen, mehr davon zu bekommen!

Besser ohne »Probleme«

Sobald Sie eine Aufgabe oder ein Hindernis als »Problem« sehen, geht Ihnen Kraft verloren. Probieren Sie es aus: Sagen Sie ein paarmal hintereinander das Wort »Problem«. Wie halten Sie dabei Ihren Kopf und Ihren Rücken, was steht dabei in Ihrem Gesicht geschrieben, wie hört sich Ihre Stimme an? In der Regel schwächt so ein Wort ihre gesamte Erscheinung.

Vergleichen Sie diese Wahrnehmungen, während Sie »Herausforderung«, »harte Nuss« oder »große Aufgabe« sagen. Legen Sie sich am besten ein kraftvolles Zeigefinger-Wort zurecht, das Sie in Zukunft immer dann ins Gespräch bringen, wenn alle anderen vom »Problem« reden.

Vermeiden Sie Füllwörter

»Vielleicht«, »mal«, »eigentlich«, »relativ« und viele andere solcher kleinen Füllwörter signalisieren, dass Sie sich nicht sicher sind. Mit solchen Einsprengseln schwächen Sie Ihre Aussagen ab, weil Sie Streit oder Widerstand fürchten. Ähnliche Funktion haben Einleitungssätze wie: »Ich will mal so sagen …«

Doch häufig geht der Schuss nach hinten los: Weil der andere spürt, dass Sie nicht hinter Ihren eigenen Sätzen stehen, sieht er weniger Veranlassung, Ihrer Aufforderung zu folgen. »Hast du eigentlich das Formular schon ausgefüllt?«, wirkt weniger wichtig als »Klaus, hast du das Formular ausgefüllt?«.

Ein elegantes »Ich will«

Ein guter Trick, um klarer und energiereicher zu reden, ist der Zeigefinger-Satz »Ich will«. Formulieren Sie eine Bitte im Stillen für sich in Form eines »Ich will«-Satzes (»Ich will, dass du Frau Bissig anrufst.«). Danach sagen Sie genau das in Form einer Bitte: »Rufst du bitte Frau Bissig an?« – automatisch verschwinden dadurch alle »vielleicht mal« und »eigentlich«!

Sagen Sie »ich«

Eine regelrechte Seuche geworden sind Selbstaussagen mithilfe des unpersönlichen »man«. »Man ist schon manchmal etwas arg sorglos umgegangen mit dem Geld«, klingt lahm und lau. Wer dagegen sagt: »Ich bin zu sorglos umgegangen mit dem Geld«, steht zu sich und vermittelt Stärke – obwohl er gerade einen Fehler zugegeben hat. Indem Sie »ich« sagen statt »man«, zeigen Sie mit Ihrem Zeigefinger selbstbewusst auf sich. Probieren Sie es aus und spüren Sie, wie Sie durch ein »ich« aufrichten!

EINE WEISHEIT AUS DEM TALMUD

Achte auf deine Gedanken,
denn sie werden Worte.

Achte auf deine Worte,
denn sie werden Handlungen.

Achte auf deine Handlungen,
denn sie werden Gewohnheiten.

Achte auf deine Gewohnheiten,
denn sie werden dein Charakter.

Achte auf deinen Charakter,
denn er wird dein Schicksal.

So werden gute Vorsätze zu erreichbaren Zielen

Gute Vorsätze werden nicht nur am Silvesterabend gefasst. Pläne zu schmieden und in die Tat umzusetzen, ist prinzipiell etwas Gutes. Aber die Sache scheint einen Haken zu haben.

Viele Menschen reagieren auf den Begriff »gute Vorsätze« vorsichtig. Aus gutem Grund, denn sie erinnern sich dabei vor allem an ihr Scheitern. »Gute Vorsätze« sind für manchen fast schon gleichbedeutend mit »nicht geschafft«. Das muss aber nicht so bleiben. Nehmen Sie Ihren Zeigefinger zu Hilfe!

Planen Sie in kleinen Schritten

»Auch eine 1.000 Meilen lange Reise beginnt mit einem ersten Schritt.« Dieses chinesische Sprichwort ist unbestreitbar richtig und eine klassische Ermunterung bei guten Vorsätzen. Das Problem ist nur: Beim ersten Schritt denken Sie unweigerlich an die bevorstehenden 99.999 weiteren Schritte und verlieren den Mut. Auch ein guter Vorsatz zum neuen Jahr hat wenigstens die nächsten zwölf Monate im Blick, oft sogar einen viel längeren Zeitraum. Wenn Sie das Rauchen aufgeben wollen und sich schon am 3. Januar eine Zigarette anstecken, werden Sie sich sagen: »Wenn ich das nicht einmal eine halbe Woche durchhalte, wie soll ich das bis zum Dezember schaffen« – und geben ganz auf.

Behalten Sie das Ziel im Auge, aber planen Sie nur für einen einzigen Tag. Jeder kann praktisch alles – vorausgesetzt, er muss es nur einen Tag lang tun. Lernen Sie von den Anonymen Alkoholikern. Dort gilt der Grundsatz: Wenn jemand vor einem Glas Alkohol oder einer anderen gefährlichen Versuchung steht, soll er zu sich sagen: »Jetzt nicht. Vielleicht später.« Das klingt auf den ersten Blick verharmlosend, ist aber viel wirksamer als das große »Nie wieder«.

Falls Sie Ihr Tagesziel nicht erreichen, nehmen Sie sich den nächsten Tag vor. Sehen Sie einen Misserfolg nicht als verlorenen Krieg, sondern nur als verlorene Schlacht. Der Kampf geht weiter! Blicken Sie nicht verzweifelt zurück, wie viele Niederlagen Sie schon einstecken mussten. Sehen Sie nicht in die Zukunft, wie viele vielleicht noch kommen. Behalten Sie den heutigen Tag im Blick, mehr nicht.

Wenn Sie beispielsweise Ihre Essgewohnheiten ändern wollen, erklären Sie den nächsten Monat zum fett- und süßigkeitenfreien Monat. Schließen Sie einen Vertrag mit sich, so konkret und realistisch wie möglich. Also nicht: »Ich will abnehmen und mich gesünder ernähren«, sondern »In einem Monat will ich ein Kilo weniger wiegen als jetzt (was realistischer ist als zwei oder drei Kilo). Dafür

esse ich keine Süßigkeiten und fetten Snacks mehr«. Dann aber sehen Sie jeweils nur auf den bevorstehenden Tag und verkneifen sich Schokolade und Chips. Wenn Sie das 21 Tage geschafft haben, sind Ihre Chancen gut, dass es auch noch länger klappt (siehe Seite 12).

Motivieren Sie sich mit Humor

Belassen Sie es am besten nicht bei den Worten und Gedanken allein, sondern fügen Sie positive, aufmunternde Bilder dazu: ein Foto von sich, als Sie noch in diese schicken engen Hosen gepasst haben; eine Karikatur von einem joggenden oder radelnden Männchen; einen Zeitungsausschnitt von einem Menschen, der zufrieden vor seinem aufgeräumten Schreibtisch sitzt …

SO HALTEN SIE DIE ZÜGEL IN DER HAND

Zerlegen Sie Ihr Ziel in kleine, nachprüfbare Schritte. Was können Sie bis heute Mittag schaffen, was bis heute Abend? Denken Sie an die alte Regel: Die Menschen überschätzen, was sie in einer anstrengenden Gewaltaktion schaffen können, aber sie unterschätzen, welch große Strecken sich in regelmäßigen, kleinen Schritten zurücklegen lassen.

Fangen Sie vorsichtig an

Speziell bei Ess- und Fitness-Vorsätzen wird in der Regel zu hart gestartet. Vorher nie, ab sofort täglich 60 Minuten Joggen – das ist nicht nur ungesund, sondern auch frustrierend. Schaffen Sie sanfte Übergänge. Laufen Sie zunächst nur 20 Minuten, lassen Sie am Anfang noch keine kompletten Mahlzeiten ausfallen, sondern beschränken Sie Ihr Abendessen auf einen großen Joghurt. Sonst rebelliert Ihr Körper. Außerdem klinken Sie sich zu sehr aus der Familiengemeinschaft aus.

Wenn Sie ein »Sozial-Esser« sind und immer kräftig zulangen, wenn andere mit bei Tisch sitzen, mimen Sie nicht den Märtyrer. Trinken Sie vor dem Essen ein großes Glas Wasser, nehmen Sie sich als letzter und nur eine kleine Portion. Essen Sie betont langsam, kauen Sie jeden Bissen viel öfter als bisher, holen Sie sich keinen Nachschlag und hören Sie mit den anderen gemeinsam auf.

Schluss mit Selbstvorwürfen!

Wenn Sie trotz gutem Vorsatz ein Stück Torte oder eine Doppelportion Braten verputzt haben – fühlen Sie sich nicht schuldig. Nehmen Sie den Kuchen mit beiden Händen als Geschenk des Lebens an Sie an. Seien Sie dankbar, dass es etwas so Wunderbares gibt wie Sahne, Schokolade oder Rahmsoße.

Sobald Sie Schokolade oder Chips, Torte oder Braten nicht als Feind betrachten, wird Ihnen das Weglassen sehr viel leichter fallen. Ungesünder als Cholesterin und übermäßige Kohlenhydrate ist eine negative Einstellung gegenüber Ihrem Körper.

Rechnen Sie mit Rückschlägen

In den ersten Tagen einer 21-Tage-Phase in Sachen »guter Vorsatz« sind Sie voller Optimismus, Sie sind bestens informiert und fühlen sich gut. Sie benutzen gleichsam neue Muskeln und haben ein neues Schema zur Bewältigung Ihres Alltags entwickelt. Schon zeigen sich erste kleine Erfolge. Sie haben sich erfolgreich aus dem Trott und den bisherigen sozialen Zwängen befreit.

Rechnen Sie nach spätestens zehn Tagen mit einem Plateau, einem frustrierenden Stillstand. Sie fühlen sich schlecht. Sie spielen mit dem Gedanken, aufzugeben. Doch genau jetzt ist der entscheidende Zeitpunkt zum Kämpfen. Konzentrieren Sie sich nicht auf Zahlen (»Erst zehn Tage!«), sondern nur auf den bevorstehenden Tag und auf Ihre Gefühle: »Ich will es. Ich schaffe es!«

Es geht trotzdem weiter

Nach 21 Tagen haben Sie es geschafft. Die schlimmste Krise haben Sie überstanden. Das Thema lautet nun: kontinuierliche Verbesserung. Fragen Sie sich: Wie kann ich mir meine neuen Gewohnheiten noch lustvoller und effizienter einrichten? Setzen Sie sich neue Ziele.

Lassen Sie sich helfen

Die entscheidende Zutat, um dauerhaft gute Vorsätze einzuhalten: die Hilfe von anderen. Das muss nicht Ihr Ehe- oder Lebenspartner sein, es geht auch gut mit einem Freund oder einer Freundin, Verwandten oder einem Profi. Wichtig dabei: Dieser Mensch muss Ihnen sympathisch sein. Sie sollten sich in seiner Gesellschaft wohlfühlen.

Ein guter Trainer ist ein Partner, kein Einpeitscher.

BELOHNEN IST WICHTIG!

Es ist nicht selbstverständlich, dass Sie Ihre Ziele erreichen und es bedeutet für Sie vielleicht viel Mühe und Selbstdisziplin. Deshalb haben Sie sich eine Belohnung verdient. Nicht nur beim Erreichen des großen Endziels, sondern auch bei jedem kleineren Etappenziel. Wählen Sie dabei geschickt aus: Wenn Sie abnehmen wollen, belohnen Sie sich lieber mit einer neuen CD oder einem Kinobesuch als ausgerechnet mit Essen.

Zeigefinger-Kraft statt Aufschieberitis

Wenn Sie etwas erledigen sollen, fangen Sie dann immer sofort damit an? Abgesehen davon, dass das oft organisatorisch gar nicht möglich ist: Machen Sie sich keine Vorwürfe, wenn Sie es nicht tun.

Aufschieber sind keine faulen Menschen. Sie arbeiten meist erstaunlich effizient und auf vielen Feldern gleichzeitig – nur nicht an der Aufgabe, die eigentlich dran wäre. Der Psychologieprofessor Joseph Ferrari von der de Paul Universität in Chicago gilt als einer der führenden Spezialisten in Sachen Prokrastination – so das wissenschaftliche Wort für das Phänomen. Er sagt: »Jeder schiebt auf, jeder. Es ist keine Unart, sondern eine menschliche Eigenschaft. Unterschiedlich ist nur, welche Art von Arbeiten Sie aufschieben und wie oft.«

Aufschieber gehören in der Regel zu den guten Arbeitern. Ja, sie liefern zum Teil sogar überragende Qualität. Doch das wissen sie und die anderen, entsprechend stehen sie unter Druck und haben tief in sich drin Angst vorm Scheitern. Sie fürchten, die hohen Ansprüche zu enttäuschen und steigern ihre Anstrengungen ins Maßlose. Das will ihr Unbewusstes verhindern, weil es besorgt ist um ihre Gesundheit und verleitet sie dazu, sich mit Unwichtigem zu befassen. Es geht dabei ausgesprochen raffiniert vor und flüstert: »Du bist super, du schaffst das doch in Rekordzeit, gönn dir vorher etwas Muße!«

Etwa 15 Prozent aller arbeitenden Menschen gelten als chronische Aufschieber. Sie packen niemals etwas sofort an und sind oft sogar stolz darauf. Unter Druck, behaupten sie, könnten sie besser arbeiten. Subjektiv gesehen stimmt das sogar, aber nur eine Zeit lang. Auf lange Sicht kann die dauernde verborgene Angst, es vielleicht doch nicht zu schaffen, zu einer Depression führen. Deshalb lohnt es sich auch für subjektiv zufriedene Aufschieber, ihren Arbeitsstil zu ändern.

Das Anfangen trainieren

Aufschieber schieben vor allem das Anfangen auf. Überlisten Sie sich, indem Sie beschließen: Ich fange die ungeliebte Aufgabe jetzt sofort an, höre aber bald wieder damit auf. Sie werden sehen: Beim nächsten Mal fällt das Anfangen schon viel leichter. (Natürlich wäre es toll, wenn Sie die Angelegenheit wie auf Seite 68 beschrieben auch beenden würden, aber für Sie als Aufschieber gelten besondere Bedingungen.) Sie machen es damit wie ein Sportler nach einer Verletzung: Sie trainieren nicht den ganzen Körper, sondern nur den besonders schwierigen Teilbereich, das Anfangen.

Den Anfang überspringen

Eine Variante, die besonders bei schriftlichen Arbeiten hilft: Fangen Sie nicht mit dem Anfang an. Bei vielen schriftlichen Arbeiten, von der E-Mail bis zu einem Buchmanuskript, fallen die ersten Sätze oder Seiten besonders schwer. Beginnen Sie daher mit dem zweiten Satz oder mit Seite 14. Wenn Sie erst einmal die Hürden des Anfangens genommen haben, wird es Ihnen leichter fallen, später die fehlenden Teile zu ergänzen.

Probeweise pünktlich

Auch wenn Sie sich als schlimmen Terminchaoten sehen: Hören Sie probeweise drei Wochen lang damit auf. Am besten geht das nach einem Urlaub, wenn Sie voller Energie für einen Neuanfang stecken.

Sehen Sie die drei Wochen Pünktlichkeit als interessanten Selbstversuch, ganz ohne Hintergedanken, danach ein neuer Mensch zu sein. Dann kann nach dieser Phase alles möglich werden für Sie.

Nutzen Sie die Kraft der Beobachtung

Wer alleine arbeitet, findet mehr Gelegenheiten zum Aufschieben als jemand, der von anderen beobachtet und begleitet wird. Umgeben Sie sich mit Menschen, die Ihren Fortschritt wahrnehmen, kontrollieren und Ihre Erfolge auch loben. Geben Sie bekannt, was Sie bis wann schaffen möchten. Lassen Sie sich unterstützen, anfeuern, und überlisten Sie Ihren inneren Schlendrian mit dem dadurch entstehenden sozialen Sog.

Nehmen Sie den Schluss vorweg

Stellen Sie sich immer wieder vor wie es sein wird, wenn Sie Ihre (so oft verschobene) Aufgabe endlich erledigt haben: Wie erleichtert Sie sich fühlen werden, wie andere Sie dafür loben oder feiern werden oder was es Ihnen finanziell bringt. Damit bekämpfen Sie die Visions- und Mutlosigkeit, den Hauptnährboden für das Heute-nicht-Syndrom.

Machen Sie mehr Pausen

Das klingt in den Ohren eines Aufschiebers wie Hohn, denn wenn er endlich einmal arbeitet, arbeitet er in der Regel wie ein Verrückter pausenlos. Wird er davon krank oder unzufrieden, bestätigt sich damit sein Vorurteil über seine eigene Selbstaufopferung.

Das beste Gegenmittel: Erinnern Sie sich an Ihren kleinen Finger. Zwingen Sie sich zu kleinen Fluchten, regelmäßigen Unterbrechungen, in denen Sie aufstehen, den Raum verlassen oder wenigstens ans Fenster gehen und den Himmel betrachten.

Eine Uhr mit einem Halb- oder Viertelstundenschlag kann Ihnen helfen, sich ans Pausenmachen zu erinnern.

Klären Sie das wahre Ziel

Arbeiten, bei denen Sie am Ende von anderen bewertet werden (eine Seminararbeit, eine Rede schreiben, einen Projektplan erstellen), sind besonders gefährdet, aufgeschoben zu werden. Zugleich sind dies aber gerade die Tätigkeiten, die für Ihren persönlichen und beruflichen Erfolg besonders wichtig sind. Deshalb ein bewährter Rat: Nehmen Sie (am besten persönlich oder per Telefon) Kontakt auf mit dem, der Ihre Arbeit beurteilen wird. Sobald zwischen Ihnen eine menschliche Verbindung besteht, wird es Ihnen leichter fallen, sich wieder der aufgeschobenen Aufgabe zu widmen. Außerdem erfahren Sie möglicherweise, dass etwas völlig anderes erwartet wird, als Sie sich die ganze Zeit vorgestellt hatten. Dadurch vermeiden Sie unnötige Mehrarbeit.

Besiegen Sie das große U zuerst

Der Rationalisierungsexperte Gustav Großmann (1893–1973) wurde 1927 mit einer ganz einfachen Erkenntnis berühmt: Der Mensch schiebt auf, was für ihn unangenehm ist. »Die Stimmung bestimmt«, war sein Motto. Hat man das jedoch erst einmal als eigenes Persönlichkeitsmuster durchschaut, lässt sich ziemlich leicht Abhilfe schaffen:

Schritt 1: Schreiben Sie alles auf, was Sie zu erledigen haben.

Schritt 2: Schreiben Sie ein »U« vor alle unangenehmen Aufgaben, vor die besonders unangenehmen ein besonders großes.

Schritt 3: Erledigen Sie das größte »U« zuerst, dann die anderen »Us«.

Machen Sie das größte »U« zur Priorität Nr. 1. Lassen Sie alles andere liegen. Schützen Sie sich vor Unterbrechungen (Anrufbeantworter einschalten, Bitte-jetzt-nicht-stören-Schild an die Tür, eventuell an einen anderen Ort wechseln). Setzen Sie auch innerhalb dieser Aufgabe Prioritäten. Welche Teile des großen »U« müssen Sie sich genau überlegen, bei welchen können Sie improvisieren?

Entrümpeln Sie Ihre Ziele

So wichtig es ist, Ziele zu haben – wenn es zu viele sind, verpufft ihre positive Wirkung. Schreiben Sie deshalb ab und zu alle Ihre Ziele und Wünsche auf eine Liste und fragen Sie sich: Bleibt da überhaupt noch Platz für mich? Raum für Nichtstun, Spielen, Helfen, Meditation und Gebet, zweckfreies Zusammensein mit anderen Menschen, Unvorhergesehenes, für kleine und große Freuden? Gehen Sie Ihre finanziellen Verpflichtungen durch: Welche davon sind wirklich notwendig? Genügt im Alter auch eine kleinere Wohnung, ein kleineres Auto?

Die drei großen Blockaden

Die meisten Aufschieber haben einen guten Grund, nicht anzufangen. Wenn Sie diese innere Motivation erkennen und überwinden, haben Sie schon gewonnen:

○ *Perfektionismus: Sitzt in Ihrem Inneren ein Qualitätsmanager mit übermäßig hohen Ansprüchen? Seine blockierende Botschaft: Bevor etwas nur mittelprächtig gelingt, lassen wir's lieber ganz – oder warten auf später. Sagen Sie Ihrem inneren Vollkommenheitsfetischisten: Dieses Mal mache ich es einfach mal nur gut und nicht perfekt, dafür aber perfekt pünktlich!*

○ *Angst: Es gibt nicht nur eine Furcht vor Fehlern, sondern auch eine Furcht vor Erfolg! Seien Sie ehrlich zu sich und schreiben Sie Ihre Bedenken gegen die vor Ihnen liegende Aufgabe auf. Stehen Ihre Ängste erst einmal schwarz auf weiß vor Ihnen und können Sie mit dem Zeigefinger darauf deuten, haben diese lähmenden Bedenken viel weniger Gewalt über Sie.*

○ *Unangenehme Gefühle: Schon ein kleines Unwohlsein kann dazu führen, dass Sie wie ein Pferd vor einem Hindernis scheuen. Zeigen Sie mit dem Zeigefinger auf Ihre unangenehmen Emotionen. Sagen Sie laut zu sich: »Ich mag das nicht, ich hasse das. Aber meine Größe besteht darin, dass ich es trotzdem tue.«*

So führen Sie andere

Führungspersönlichkeiten – das sind die ganz oben, denken die meisten. Aber es ist gut möglich, dass auch Sie längst eine der zwei Millionen deutschen Führungspersonen sind.

Jeder, der anderen Arbeitsaufträge gibt oder sie bei der Ausführung von Aufgaben beaufsichtigt, zählt zu diesem Kreis. Es kann auch sein, dass von Ihnen plötzlich Führungsqualitäten erwartet werden: Das Solarprojekt in Ihrer Gemeinde startet nur durch Sie. Niemand hat zu dem wichtigen Kunden Dr. Meilenweit einen besseren Draht als Sie. Dann sind ganz besondere Zeigefinger-Qualitäten gefragt: Zeigefinger sein für andere.

Arbeiten Sie an Ihrer inneren Haltung

Führungskraft zu sein heißt nicht, ein besserer Mensch zu sein. Es ist eine Rolle, meistens auf Zeit, und stets verbunden mit vier inneren Haltungen:

- Fühlen Sie sich verantwortlich. Wenn gefragt wird »Wer macht's?«, sehen Sie sich nicht um, sondern strecken Sie Ihren Zeigefinger hoch und sagen Sie »Ich!«
- Stehen Sie zur Verfügung. Sagen und den-

ken Sie nicht mehr: »Dafür bin ich nicht zuständig«, sondern halten Sie sich bereit und ernten Sie bei Erfolg die Früchte.

● Treffen Sie Entscheidungen. Und zwar klar, aber nicht einsam. Diskutieren Sie eine Zeit lang (die Sie vorher festlegen) mit allen Beteiligten, was gemacht werden soll. Dann aber bestehen Sie auf einem Ergebnis – und stehen Sie dazu.

● Motivieren Sie: Füllen Sie die Köpfe der anderen nicht mit Informationen, sondern entflammen Sie sie! Halten Sie dieses Feuer am brennen, der Rest geht von selbst.

Eine Führungskraft führt in erster Linie sich selbst. Lernen Sie Ihre Stärken, Schwächen und Möglichkeiten kennen. Daraus sehen Sie, in welchen Bereichen Sie sich auf sich selbst verlassen können und wo Sie lieber andere ranlassen sollten.

Lieben Sie Entscheidungen

Es gibt niemals nur einen richtigen Weg. Welcher wird sich später als der richtige erweisen? Das wissen weder Sie noch Ihre Mitarbeiter. Sagen Sie sich in solchen Situationen: »Am Punkt der Entscheidung habe ich so viel Energie wie sonst nie. Niemals sonst ist die Aufmerksamkeit der anderen für mich so groß.« Informieren Sie sich vor Entscheidungen über Alternativen und Konsequenzen.

Aber wenn Sie die Entscheidung getroffen haben, ist es Ihre Pflicht als Führungsperson, auf dem eingeschlagenen Weg zu bleiben. Es ist Ihr Hauptjob als Führungskraft, Zweifler im Zaum zu halten, vielleicht zu überzeugen, aber auf jeden Fall zu integrieren.

Packen Sie nicht gleich an

Führung heißt niemals, alles zu bestimmen. Fühlen Sie sich ein in die Situation, und dann gestalten Sie sie aktiv mit. Bleiben Sie bescheiden, aber standhaft. Einer der häufigsten Führungsfehler lautet: »Hoppla, jetzt komm ich!« Erkundigen Sie sich grundsätzlich, was bereits an Vorarbeit geleistet wurde. Würdigen Sie, was bereits geschafft wurde.

Erst dann treten Sie in Aktion und führen die verschiedenen Fäden zusammen. Fangen

IMMER ERST ZUHÖREN

Entwickeln Sie eine Kultur des Zuhörens mit bestimmten Ritualen: Bitten Sie Ihre Mitarbeiter beispielsweise immer in Ihr Zimmer, es gibt immer ein Glas Wasser, das erste Wort hat immer der Gast. Hören Sie zu und bleiben Sie immer offen, noch zu lernen. Lassen Sie sich niemals in Intrigen hineinziehen.

Sie nie gleich an, selbst etwas zu tun, sondern legen Sie die Hände in den Schoß, um Ihren Mitarbeitern zuzuhören. Das ist vielleicht das Wichtigste überhaupt, denn womöglich können Sie dabei selbst etwas Neues lernen. Geben Sie danach allen die Hand. Erst dann strecken Sie Ihren Zeigefinger aus und weisen den Anwesenden die Richtung.

Verlieren Sie sich nicht in Kleinkram

Führen ist immer konkret. Sie müssen Lösungen und Ideen parat haben, wenn Probleme auftreten und Krisen drohen. Sie dürfen sich auch um Details kümmern, wenn sie wichtig sind für das Endprodukt. Aber beißen Sie sich dort nicht fest. Die anderen brauchen Ihren Weitblick, der über den Kleinkram hinausgehen muss. Greifen Sie nach den Sternen. Entwerfen Sie eine Vision, die begeistert – und zeigen Sie die ersten Schritte, die zum großen Ziel führen. Wenn es bei Details stürmisch wird, ist Ihre große Idee der Anker, der allen Sicherheit gibt.

Delegieren Sie, ohne zu kneifen

Als leitende Person sind Sie verantwortlich für die Entwicklung Ihrer Mitarbeitenden. Ihre oberste Führungsaufgabe ist es, das Potenzial der anderen zu wecken und zu steigern.

Das Delegieren ist dabei die Königsdisziplin der Führung. Vergeben Sie angemessene Aufgaben, die denjenigen herausfordern, aber weder über- noch unterfordern. Gehen Sie mit gutem Beispiel voran – nicht immer als Erster, aber erkennbar engagiert. Überneh-

men Sie die unangenehmste Aufgabe im Zweifelsfall selbst. Verlangen Sie von anderen niemals mehr als von sich. Leistet jemand mehr, als Sie selbst geschafft hätten, würdigen Sie das ausdrücklich.

Führen Sie selbstbewusst

Wenn Sie Ihr Wort brechen, verliert es an Kraft und Sie verlieren an Glaubwürdigkeit. Daher: Stehen Sie zu Ihren Entscheidungen und zu Ihren Handlungen. Verzetteln Sie sich nicht in Rechtfertigungen. Bringen Sie Dinge zu Ende und erwarten Sie gelassen deren Ausgang. Wenn andere einen Fehler machen, weisen Sie klar darauf hin und erarbeiten Sie gemeinsam eine konstruktive Lösung.

Wenn Sie selbst einen Fehler gemacht haben, geben Sie ihn so bald wie möglich zu – und stehen Sie dazu. Erarbeiten Sie ebenfalls gemeinsam mit Ihren Mitarbeitenden, wie sich die Scharte auswetzen lässt.

IMMER MIT VERGNÜGEN

Bei allen Überlegungen zum Führungsstil wichtig: Haben Sie Spaß beim Führen. Sehen Sie es als ein Spiel mit wechselnden Rollen. Jetzt sind Sie der Führende, in anderen Zusammenhängen können Sie sich der Führung anderer anvertrauen.

Wenn Sie andere zurechtweisen müssen

Der mahnend erhobene Zeigefinger ist das Sinnbild für Vorwürfe oder gar Drohungen. Dabei können Sie ihn viel geschickter einsetzen, wenn etwas falsch läuft.

Jeden Tag gibt es viele Anlässe, sich über andere aufzuregen: An der Supermarktkasse wird gedrängelt. Auf der Straße auch. Der Zug hat Verspätung, der Anschluss ist weg – und der Schaffner tut so, als sei das Ihr Problem. Ihr Kollege ist ein nerviger Angeber. Furchtbar, diese Leute! Manchmal sind andere Menschen kaum zum Aushalten. Was tun? Wie können Sie andere auf gute Weise auf Fehler hinweisen? Wie setzen Sie gekonnt Ihren Zeigefinger ein?

Entwickeln Sie mehr Mitgefühl als Wut

Auch wenn es auf den ersten Blick ganz anders aussieht: Fast jeder Mensch will eigentlich gut sein. Seine Erziehung, seine Lebenssituation, vielleicht auch seine Veranlagung stehen ihm jedoch oft im Weg. – Ihnen auch! – Benimmt sich jemand daneben, ist Ihr Mitgefühl eher angebracht als Empörung. Ein Grundsatz, der den Buddhisten das Leben leichter macht.

Seien Sie ein gutes Vorbild

Wenn Sie einen pampigen Kellner oder einen unverschämten Kunden scharf zurechtweisen, empfinden Sie das vielleicht als Genugtuung. Aber es macht nicht wirklich froh, andere herunterzuputzen. Weiter unten, in Ihrem Unbewussten, fühlen Sie sich mies.

Die bessere Methode: Zeigen Sie Ihren Zeigefinger, indem Sie unerschütterlich höflich bleiben, auch wenn Sie sehr unhöflich behandelt wurden. Oft wirkt das ansteckend. Auf jeden Fall haben Sie damit dem anderen den Wind aus den Segeln genommen.

Benehmen Sie sich nicht wie König Kunde

Wenn Sie auffallend häufig Ärger haben mit Arzthelferinnen, Kassierern, Hausmeistern,

Amtspersonen und selten gut bedient werden – überprüfen Sie Ihr eigenes Auftreten. Ohne es zu wollen, behandeln viele Menschen Servicepersonal herablassend, fordernd oder voreingenommen. Oder Sie treten zu wenig selbstbewusst auf. Auch das kann andere nerven und provozieren.

In Monarchien darf der König mit dem Zeigefinger andere verurteilen. Doch wir leben in einer Demokratie, auch im Geschäftsleben. Das Gerede von »König Kunde« führt in die Irre. Sehen Sie sich als »Partner Kunde«, dann klappt das Miteinander besser.

Seien Sie kein Fußabtreter

Sie dürfen anderen Grenzen setzen. Gegen Kollegen, die Ihnen Ihre Ideen klauen, müssen Sie entschlossen vorgehen. Fremdenfeindliche Sprücheklopfer in der Straßenbahn dürfen Sie nicht tolerieren. Sparen Sie die Kraft Ihres empörten Zeigefingers auf für Momente, in denen sie wirklich gebraucht wird. Vergeuden Sie diese Energie nicht damit, sich über Lappalien aufzuregen.

Seien Sie barmherzig

Auch zu sich selbst. Wenden Sie den Grundsatz, partnerschaftlicher und nachsichtiger zu sein, auch auf sich an. Wenn Sie einen Fehler gemacht, jemanden verletzt oder enttäuscht haben, sagen Sie sich: Das kann passieren. Bringen Sie die Sache so weit wie irgend möglich in Ordnung, bessern Sie nach und entschuldigen Sie sich. Aber dann sehen Sie nach vorn, in die Richtung Ihres zielbewussten Zeigefingers.

Finden Sie Ihr wirklich großes Ziel

Ihr Zeigefinger kann Ihnen nicht nur helfen, sich die kleinen Ziele des Alltags zu setzen und sie zu erreichen. Er eignet sich auch gut für Ihre übergeordneten Lebensziele.

Erinnern Sie sich noch an Ihren wunderbaren Fantasieort von Seite 22? Was wäre, wenn Ihnen jemand sagt, dass Sie dort wieder hinreisen könnten? Dass Sie an einem ähnlich wunderbaren Ort wohnen und arbeiten dürften? Wahrscheinlich würden Sie das für blanken Unsinn halten. Aber warum sollte nicht dieser oder irgendein anderer, vielleicht noch größerer Traum von Ihnen in Erfüllung gehen können?

Denken Sie zurück: Hatten Sie früher einmal einen wirklich großen Wunschtraum? Sie stehen als gefeierter Musiker auf der Bühne. Oder als erfolgreicher Unternehmer vor einem Gebäude, auf dem groß Ihr Name steht. Oder Sie sind eine gefragte Spezialistin. Vielleicht sind Sie mit der Wahl Ihres Berufs ein Stück auf eines Ihrer ganz großen Ziele zugegangen. Bei den meisten Menschen aber sind diese Träume hoffnungslos begraben unter dicken Lagen von grauem Alltag. Ja, da gab es einmal eine völlig unrealistische Vision, eine Spinnerei. Jetzt aber bin ich Realist.

Schade. Denn wenn Sie es schaffen, Ihren großen Traum anzuzapfen, könnte das einen breiten Strom von Begeisterung in Ihr Leben fließen lassen.

Sie ahnen Ihre Zukunft

Große Träume sind keine überflüssigen Blasengebilde Ihres Gehirns, sondern Zeichen unentdeckter Fähigkeiten Ihres Geistes. Der spätere englische Premierminister Winston Churchill sagte als junger Mann zu einem Freund, dass er »eines Tages die Verteidigung Londons leiten« würde, um »die Hauptstadt und das Empire zu retten«. Außergewöhnliche Menschen haben außergewöhnliche Ahnungen. Auch einige Ihrer großen Visionen könnten ungeahnte Kräfte beschreiben, die in Ihnen schlummern.

In Ihnen warten Möglichkeiten

Große Ziele können Sie sich nicht ausdenken oder beeinflussen. Normale Gedanken sind wie Hauskätzchen, große Ziele wie wilde Tiger. Sie finden nicht Ihre großen Ziele, sondern Ihre großen Ziele finden Sie. Tief in Ihnen ist das Wissen um Ihre Bestimmung verborgen. Ab und zu stößt dieses Wissen einen winzigen sehnsüchtigen Seufzer aus, in einer dunklen Stunde sendet es einen kurzen Lichtblitz.

Eines Tages, wenn sie es am wenigsten erwarten, werden Menschen in einem atemberaubenden Anlauf von einem ihrer großen Ziele überwältigt. Menschen, die bisher eher planlos vor sich hin lebten, starten plötzlich durch. Sie lernen etwas völlig Neues, sie schreiben ein dickes Buch oder tun sonst etwas scheinbar Verrücktes.

Machen Sie es Ihren Zielen leichter

Sie können es nicht herbeizwingen, von einem großen Ziel überwältigt zu werden. Aber Sie können die Bedingungen dafür verbessern. Die wichtigste Voraussetzung: Vertrauen Sie Ihrer Seele. Behandeln Sie Ihre eigenen tiefen Schichten gut. Dann werden Sie sich nicht von den Menschen in Ihrer Umgebung den Mut nehmen lassen, wenn sich Ihr großes Ziel eines Tages bei Ihnen meldet und Sie sich an seine Umsetzung machen.

Locken Sie Ihre Ziele ans Tageslicht

Schreiben Sie Fragen an sich selbst auf ein Blatt Papier: »Was willst du?« »Wie willst du leben?« usw. Nehmen Sie dann den Stift in die Hand, mit der Sie normalerweise nicht schreiben, und notieren Sie, was Ihnen als Antwort als Erstes in den Sinn kommt. Der rationale Teil Ihres Gehirns ist durch diesen Trick mit der schwierigen Aufgabe ausgelastet, die »falsche« Hand zum Schreiben zu kriegen. Der andere Teil Ihres Gehirns fördert dadurch verborgene Aspekte Ihres Inneren ans Licht. Sie werden überrascht sein: Ihre intimsten, unwahrscheinlichsten großen Ziele stehen in ungelenken Buchstaben, aber klar und deutlich vor Ihren Augen.

Fahren Sie in die Zukunft

Eine andere Methode, um an Ihre großen verborgenen Ziele zu kommen, ist die Zeitreise. Setzen Sie sich entspannt hin, schließen Sie Ihre Augen und stellen Sie sich vor, das Datum hätte sich geändert. Es ist der gleiche Tag wie heute, aber genau fünf, zehn oder noch mehr Jahre später. Rechnen Sie aus, wie alt Sie dann sind.

Beschreiben Sie, immer mit geschlossenen Augen, ganz konkret: Wo sind Sie? Was haben Sie an? Was hören Sie? Wie ist das Wetter? Was beschäftigt Sie gerade? Wer ist bei Ihnen? Stellen Sie sich nichts vor, denken Sie sich nichts aus, sondern schauen Sie nur herum. Vielleicht begegnet Ihnen in Ihren Vorstellungen auch ein anderer Mensch. Reden Sie mit ihm, fragen Sie ihn.

Wenn Sie keine Bilder sehen, vertrauen Sie den Gedanken, die Ihnen kommen. Möglicherweise sehen oder denken Sie gar nichts. Dann verstecken sich Ihre großen Ziele noch. Aber mit dieser Übung wurden sie bereits angelockt. Sie werden sich in den nächsten Tagen bei Ihnen melden. Ganz plötzlich, unerwartet bei irgendeiner Situation.

Wenn Ihr großes Ziel zu Ihnen kommt

Von einem großen Ziel getroffen zu werden, fühlt sich anders an als das Herausfinden der normalen Ziele für den Alltag. Große Ziele sind niemals wie Einfälle aus dem Kopf, sondern sie kommen als mächtige Bilder aus tieferen Regionen. Manche Menschen nehmen solche Ziele nicht im Kopf, sondern direkt in der Herzgegend wahr. Große Ziele bleiben lange in der Erinnerung. Halten Sie Ihre großen Ziele fest, wenn sie Ihnen begegnen. Schreiben Sie sie auf, beginnen Sie spätestens beim Auftauchen eines solchen großen Ziels damit, Tagebuch zu schreiben. So wie es alle bedeutenden Männer und Frauen getan haben und noch immer tun.

Finden Sie ein Zeigefinger-Symbol

Wenn Sie von einem Ihrer großen Ziele entdeckt und aufgescheucht wurden, wird es Ihnen auch die Energie liefern, um es – wenigstens teilweise – zu verwirklichen. Tragen Sie, wenn Sie können, ab jetzt einen Ring am Zeigefinger. Oder stellen Sie sich an Ihren Lieblingsplatz ein Symbol, das Sie an Ihr großes Ziel erinnert. Verlassen Sie sich darauf, dass es wie ein Samenkorn aufgehen wird. Sie haben es nicht selbst geschaffen. Aber Ihre Arbeit ist nötig, um an die Frucht zu gelangen. Gießen Sie es innerlich, versorgen Sie es mit Licht und Liebe. Vertrauen Sie darauf: Eines Tages wird zuerst die Blüte aufgehen, dann wird die Frucht reifen und Sie werden von dem großen Ziel, das jetzt noch in Ihnen schlummert, reich beschenkt werden.

Der Daumen: Gutes tun

- **Das Thema:** Liebe

  Positiv handeln statt nur positiv zu denken

- **Das Grundritual:** Danke sagen

- **Die einfachste Übung:** Eine gute Tat voll-

  bringen – wie die Pfadfinder

- **Gute Sätze:** »Ich kann das.«

  »Ich mach das jetzt.«

  »Auf geht's!«

Der ganz andere Finger

Der Daumen ist die Basis Ihrer Hand. Mit dem Daumen kann Ihre Hand gegenüber den übrigen Fingern Gegendruck erzeugen. Das ist ein enormer Fortschritt der Evolution.

Als die ersten menschenähnlichen Affen ihren Daumen den anderen vier Fingern gegenüberstellen und damit Gegenstände sicher greifen konnten, war das eine wichtige Ur-Voraussetzung für zahllose Leistungen der menschlichen Kultur.

»Daumen hoch!«, ist ein positives Symbol. All die Pläne, Gedanken und mentalen Vorbereitungen der bisher vorgestellten vier Kapitel wären sinnlos, würden sie nicht zum Handeln finden. Es ist gut, wenn Ihr Geist gut vorbereitet ist. Aber wenn Sie nicht zur Tat schreiten, bleibt der große Aufwand kraftlos.

Handeln statt grübeln

Jeder Mensch macht sich Sorgen. Solange die Sorgen bei Ihnen die Oberhand haben, ist bei Ihnen die Handbremse angezogen. Sie finden einfach nicht zum aktiven Tun. Deswegen ist es wichtig, dass Sie sich Ihren sorgenvollen Blockaden widmen. Fragen Sie sich: Worum muss ich mir wirklich Sorgen machen und worum nicht? Ein paar Anregungen, wie Sie sich von unnützem Grübeln befreien und mit berechtigten Ängsten gut umgehen können:

Sorgen ums Älterwerden

Die Sorge: »Ich mag gar nicht daran denken, dass ich bald 50 (40, 60 usw.) werde. Es gibt so vieles im Leben, was ich versäumt habe.«

Jeder Tag, nicht nur die runden Geburtstage, eröffnet in Ihrem Leben eine neue Lebensphase.

Es gibt das Leben bis jetzt und das Leben ab jetzt. Rechnen Sie nicht nach, welcher Teil der größere ist. Sie wissen nicht, wie lange Ihr Leben noch dauert. Machen Sie Schluss mit allem Bedauern über Versäumtes. Sehen Sie nach vorn. So manchen ungelebten Traum können Sie in der zweiten Lebenshälfte verwirklichen. Viele Menschen beginnen noch im Ruhestand mit einem Studium oder gönnen sich Reisen, die Ihnen früher unmöglich waren. Suchen Sie für Träume, für die es »zu spät« ist, andere Formen der Verwirklichung. Wenn Sie selbst keine Kinder haben, so können Sie beispielsweise für Kinder in Ihrem näheren Umfeld zur Ersatztante oder zum heiß geliebten Nennopa werden.

Sorgen um die Partnerschaft

Die Sorge: »Ich habe Angst, dass unsere Beziehung nicht mehr lange halten wird.«

Die Liebe, die Sie damals zusammengeführt hat, ist noch da. Oft ist sie nicht mehr gut zu sehen. Sie ist irgendwo versteckt, aber sie hat Sie beide die ganze Zeit getragen. Mit jedem Tag, den Sie zusammen sind, ist etwas gewachsen, das Sie trägt. Manchmal gelingt es, gemeinsam etwas davon aufblitzen zu sehen. Diese Liebe hat sich in all den Jahren verwandelt. Wenn Sie sie wiederentdecken, ist das nicht mehr die verrückte Verliebtheit von früher. Es ist eine erwachsene, starke Kraft.

◯ ## DER DAUMEN IM HANDPSALTER DES MAUBURNUS

Der Daumen symbolisiert für Mauburnus das Lob der Größe Gottes und seiner Werke. Der Daumenballen steht dabei für die Erleuchtung, das mittlere Daumenglied für die Dankbarkeit, die Spitze für die staunende Bewunderung.

Vieles von dem, was Sie an Ihrem Partner stört und nervt, sind Ihre eigenen Schwierigkeiten, die Sie auf den anderen projizieren. Der andere macht es umgekehrt genauso.

Viele Partnerkrisen sind in Wirklichkeit projizierte Midlife-Krisen.

Sorgen um das eigene Aussehen

Die Sorge: »Nie werde ich es schaffen, meine überflüssigen Pfunde loszuwerden. Ich bin so unglücklich darüber.«

Machen Sie Ihr Glück nicht von Ihrem zukünftigen Gewicht abhängig, sondern fragen Sie sich: Was können Sie heute tun, um mehr Freude im Leben zu haben? Schmieden Sie keinen Diät-, sondern einen Lebensplan. Verabschieden Sie sich von der Idee, dass Sie mit einem schlankeren Körper zufriedener mit sich sein werden. Es ist umgekehrt: Sind Sie erst einmal mit sich zufrieden, werden Sie sich viel leichter ein realistisches Abnehmziel setzen und Ihre Lebensweise entsprechend umstellen.

Sorgen um die Umwelt

Die Sorge: »Es gibt immer mehr Naturkatastrophen. Ist unser Planet Erde überhaupt noch zu retten?«

Es ist gut, dass Sie sich darüber Gedanken machen. Befassen Sie sich jedoch hauptsächlich damit, was Sie und die Politiker, die Sie wählen, für die Umwelt tun können.

Konkret: Schalten Sie am Fernseher von den reißerischen Katastrophenreportagen um auf Sendungen, die Ihnen die Zusammenhänge zwischen Ihrem Verhalten und der Klimaentwicklung aufzeigen. Sorgen Sie sich nicht mehr, sondern tun Sie etwas für die Umwelt. Vertrauen Sie auf die Kraft der kleinen Schritte.

Sorgen um die Sicherheit

Die Sorge: »Wenn mein Partner mit dem Auto unterwegs ist, habe ich Angst, dass er einen Unfall hat.« Oder: »Was kann nicht alles Schreckliches passieren, wenn unser Teenager allein mit Freunden in den Urlaub fährt?«

Viele besorgte Eltern und Partner versuchen in solchen Situationen, die Kontrolle zu erhöhen, indem sie Anrufe zu bestimmten Uhrzeiten oder bei der Ankunft am Ziel vereinbaren. Meist verstärkt das jedoch die innere Unruhe (»jetzt müsste er eigentlich schon längst …«). Probieren Sie die umgekehrte Strategie: Vereinbaren Sie, dass kein Anruf eine gute Nachricht ist. Tatsache ist: Trägt jemand eine Karte »bei Unfall bitte diese Telefonnummer anrufen« im Geldbeutel, würden Sie im Notfall mit 99-prozentiger Wahrscheinlichkeit benachrichtigt.

Wie bei der Sorge um die Umwelt gilt: Vermeiden Sie tunlichst Medienberichte über Katastrophen, die Sie zu solchen Grübeleien veranlassen.

Machen Sie sich klar, dass die überwältigende Mehrheit aller Reisen und anderer Situationen gut gehen - deswegen tauchen die seltenen Unglücke ja in den Medien auf!

Sorgen um die Balance von Beruf und Privatleben

Die Sorge: »Arbeit und Familie – eins davon kommt immer zu kurz.«

Ziehen Sie Ihre Bilanz in überschaubaren, aber zeitlich größeren Abständen. Setzen Sie einen chaotischen Tag oder eine schwierige Woche in die richtige Perspektive. Es wird immer Phasen geben, in denen Ihnen alles über den Kopf wächst. Das Leben verläuft nicht gleichmäßig. Nach jeder Stressphase kommen ruhigere Zeiten – die die meisten Menschen aber kaum noch wahrnehmen. Seien Sie dort, wo Sie sind, ganz da. Belasten Sie sich in der Arbeit nicht zu sehr mit Gedanken an Ihr Familienleben und quälen Sie sich zu Hause nicht mit beruflichen Sorgen. Echte »Qualitätszeit« findet oft nicht am Abend statt, wenn alle Familienmitglieder schon von ihrem Tag erschöpft sind. Reservieren Sie deshalb für Ihre Familie auch immer wieder Zeit am Wochenende, in der Sie alle genügend Energie für ein intensives und befriedigendes Miteinander haben.

Das Zauberwort: gern

*Romano Guardini (1885–1968), einer der bedeutendsten
katholischen Theologen des 20. Jahrhunderts,
verfasste neben vielen Fachbüchern 1930
seine berühmten »Briefe über Selbstbildung«.*

Darin beschreibt Guardini, dass die Quelle
für Freude und Lebensglück im tiefsten
Inneren Ihres Herzens liegt. Wenn es Ihnen
gelingt, diese Quelle anzuzapfen, werden Sie
unabhängig von äußeren Ereignissen immer
innerliche Weite, Licht, Reichtum und Stärke
erleben.

Vorausgesetzt, so Guardini, Sie haben dabei
eine gute Verbindung mit dem Höheren, mit
Gott: die Bereitschaft, zu ihm »Ja« zu sagen
und seinem Willen zu folgen.

Guardini rät: Sehen Sie jeden Augenblick
als Boten Gottes. Vertrauen Sie darauf, dass
Ihr wahres Inneres genau weiß, was zu
tun ist.

Wenn klar ist, was Sie anpacken möchten,
dann sagen Sie es laut zu sich: »Ja, das und
das tue ich jetzt« – und fügen das entscheidende Wörtchen hinzu: »gern!« Handeln Sie
nicht, weil es sein muss, nicht widerwillig
oder gezwungenermaßen, sondern – gern!
Sagen Sie dieses Wort nicht nur laut, sondern nehmen Sie sich Zeit, bis Sie es ganz
tief in sich spüren. Mit dem Wort »gern«
können Sie Blockaden überwinden, die
möglicherweise noch weiter unten in Ihrer
Seele sitzen.

Tun Sie etwas für Ihren Körper

Mangelnde Bewegung ist die Hauptursache für viele
Zivilisationskrankheiten – und dessen sind sich die
meisten Betroffenen durchaus bewusst.

»Ich müsste mehr Sport treiben!«, sagen
viele Menschen immer wieder und belassen es dabei, weil es ihnen als zu viel Mühe
erscheint. Sie müssen aber gar kein Sportler
werden, um sich die nötige Portion Fitness
zu holen. Ein paar Anregungen, wie Sie mit
geringem zeitlichem Aufwand Bewegung in
Ihren Alltag bringen können.

Fitnessgerät Treppe

Treppensteigen statt Lift oder Rolltreppe kos-
tet nur ein paar Minuten mehr, bringt Ihren
Kreislauf aber so gut in Schwung wie kaum
eine andere Alltagstätigkeit. Treppensteigen trainiert Ihren Bewegungsapparat von
den Zehen bis zur Wirbelsäule. Es ist okay,
wenn Sie dabei ein wenig Herzklopfen spüren. Richtig außer Atem kommen brauchen
Sie dabei nicht. Netter Nebeneffekt: Wenn

Liegt Ihr Arbeitsplatz in einem oberen Stockwerk, gehen Sie die ersten drei oder vier Etagen zu Fuß, den Rest mit dem Lift.

Sie neben einer Rolltreppe bewusst die feste Treppe benutzen, fühlen Sie sich allein schon durch das Gefühl fitter, sich nicht so faul wie die anderen elektrisch rauf- und runterbewegen zu lassen.

Parken Sie mit Fitness-Abstand

Suchen Sie nicht krampfhaft nach einem Parkplatz möglichst nah an Büroeingang oder Einkaufszentrum. Sparen Sie sich das frustrierende Herumfahren und nutzen Sie die Entfernung für einen gesunden kleinen Fußmarsch. Wenn Sie in der City mehreres zu erledigen haben, wählen Sie einen zentralen Parkplatz und klappern Sie die einzelnen Geschäfte zu Fuß ab. Haben Sie dabei zu viel zu tragen, gehen Sie zurück zum Wagen und laden vor dem Weitermarschieren die Pakete in den Kofferraum.

Auch die Arbeit im Garten tut Ihrer Gesundheit gut.

Gehung statt Sitzung

Machen Sie es zur Gewohnheit, Gesprächspartner zu fragen, ob das Meeting nicht auch im Freien während eines kleinen Spaziergangs stattfinden könnte. Das funktioniert besonders gut, wenn es nur ein einzelner Partner ist und es um kreative, innovative Inhalte geht.

Wagen Sie den Tanzputz

Eine Idee für Hausfrauen und -männer: Hören Sie beim Hausputz fetzige Musik und bauen Sie beim Staubsaugen, Staubwischen und Aufräumen möglichst viele Tanzbewegungen ein – es schaut ja keiner zu! Wenn Sie unbeobachtet sind – bewegen Sie Ihre Wirbelsäule, das ist gesund!

Fitnessgerät Bürorad

Für den kleinen Weg zur Post, zu einer benachbarten Behörde oder sonst einen beruflichen Erledigungsgang genügt oft das Fahrrad – und ein paar Extra-Trimm-dich-Punkte gibt es dazu. Das Finanzamt erkennt ein Dienstfahrrad als Betriebsausgabe an, wenn es nicht übertrieben teuer ist und die Firma aus mehr als einem Mitarbeiter besteht.

Bewegen Sie sich zwischendurch

Schreiben Sie das Wort »Deeeeeehnen« auf einen Zettel und kleben Sie ihn an Ihr Telefon. Das erinnert Sie daran, beim Telefonieren Streck- und Dehnübungen mit Armen und Beinen zu machen. Gewöhnen Sie sich an, beim Telefonieren möglichst aufzustehen. Das entspannt die Sitzmuskulatur und tut dem Rücken gut. Außerdem lässt es Ihre Stimme bestimmter klingen und Ihre Anrufer kommen schneller zur Sache.

Mini-Fitness für zwischendurch

Warten Sie nicht, bis Sie »mal so richtig Zeit haben« für Sport und Gymnastik.
Vertrauen Sie lieber auf die Kraft der kleinen Schritte. Die folgenden Übungen
können Sie mitten in den Alltag einbauen – während Sie telefonieren, in einem
unbeobachteten Moment oder als Erinnerung in einer Pause: »Lieber Körper, ich
habe dich nicht vergessen!«

Der Storch: *Stehen Sie
auf einem Bein. Zie-
hen Sie die Ferse des
anderen bis zum
Po hoch.*

Der halbe Lotussitz: *Stehen
Sie auf einem Bein. Ziehen Sie
die Ferse des anderen Beins
vorne hoch bis etwa zur
Hosentasche.*

Die Stange: *Dehnen Sie sich im Sitzen
von Kopf bis Fuß, bis Sie eine
gerade Stange bilden. Bleiben
Sie so 20 Sekunden lang
in Schräglage auf Ihrem
Stuhl liegen.*

Der landende Skispringer: *Stellen Sie
einen Fuß vor und knien Sie sich
mit dem anderen hin. Schieben
Sie Ihren Unterleib so weit es
geht in Richtung Boden,
bis es im Schritt etwas
spannt.*

Hoch das Bein: *Stehen Sie wieder auf
einem Bein. Legen Sie die Ferse des
anderen auf den Schreibtisch und strecken Sie das Knie durch, bis es im Ober-
schenkel spürbar zieht.*

So helfen Sie richtig

Es wird viel geklagt über die »zunehmende soziale Kälte« in unserem Land. Zugleich gibt es so viele Hilfsinitiativen wie nie zuvor.

Auch Sie können zum Helfer für andere werden und der Richtung Ihres Daumens folgen: Tu was! Allerdings fürchten Menschen oft, das Falsche oder den Falschen zu helfen. Daher ein paar Ratschläge zum effektiven Helfen, das bei beiden ein gutes Gefühl hinterlässt: denen, die helfen und denen, die Hilfe bekommen.

Immer erst fragen

In vielen Varianten gibt es den Bilderwitz mit den hilfreichen Pfadfindern, die eine blinde Frau zu zweit über die Straße führen – aber die Frau wollte gar nicht über die Straße. Leider gibt es diese Situation auch in der Realität immer wieder. Wenn Sie sich nicht sicher sind, wie Sie am besten helfen, fragen Sie den Betroffenen selbst oder Menschen, die ihm nahe stehen.

Auf gut gemeinte Aufforderungen wie »Sag mir, wenn du Hilfe brauchst« werden Sie selten eine Reaktion bekommen. Schlagen Sie besser etwas Konkretes vor, etwa den

Angehörigen Ihrer gebrechlichen Nachbarin: »Soll ich morgens bei Ihrer Mutter klingeln, um zu sehen, ob alles in Ordnung ist?«

Erleichtern Sie das Annehmen

Vielen Menschen fällt es schwer, Hilfe zu akzeptieren. Sie fürchten sich davor, unselbstständig zu wirken oder tatsächlich abhängig zu werden. Helfen Sie am besten »auf Gegenseitigkeit«. Schlagen Sie gegenseitiges Geben und Nehmen vor.

Sagen Sie beispielsweise zu Ihrer fußkranken Nachbarin: »Ich würde gerne Ihre Einkäufe für Sie erledigen. Wenn Sie mir einen Gefallen tun wollen, könnten Sie mein altes Silber auf Hochglanz bringen. Darf ich Ihnen das vorbeibringen?«

Helfen Sie zur Selbsthilfe

»Selber!«, so protestieren kleine Kinder oft, wenn Erwachsene etwas für sie tun. Sie drücken damit ein allen Menschen gemeinsames Bedürfnis aus: selbstständig zu sein. Hilfe zur Selbsthilfe ist nicht nur angesagt bei Kindern oder dem neuen Kollegen im Büro. Sie tut jedem Menschen gut.

Stellen Sie die Bücher, die Ihr Vater im Rollstuhl bei Ihnen gern in die Hand nimmt, in die richtige Höhe ins Regal, statt sie ihm jedes Mal herunterzuholen. Wenn Sie einem Kollegen die Kniffe im Umgang mit dem Verwaltungsprogramm erklären wollen, lassen Sie ihn selbst an die Tastatur und setzen Sie sich daneben. Auch wenn das momentan länger dauert als eine Vorführung – selbst probieren ist auf Dauer effektiver.

Helfen Sie ehrlich

Sagen Sie Ihrer Freundin offen: »Ich hätte heute Nachmittag zwei Stunden Zeit, um dein Gerümpel auf den Wertstoffhof zu fahren«, statt: »Ich komme sowieso beim Wertstoffhof vorbei.«

Sagen Sie auch einmal »Nein«, wenn es Ihnen zu viel wird und setzen Sie eine klare Grenze. Wenn Sie auf sich selbst achten, erleichtern Sie es Ihren Mitmenschen, Sie um Hilfe zu bitten.

NEHMEN SIE AUCH SELBST HILFE AN

Menschen in einer Krise tun sich oft schwer, Hilfe anzunehmen. Sie schämen sich für die dumme Situation, in die sie geraten sind und versuchen lieber, sich selbst zu helfen.

Machen Sie es anders: Lassen Sie sich von Ihrem Daumen daran erinnern, dass auch die anderen Menschen Daumen haben und etwas für Sie tun können. Bitten Sie um Unterstützung. Tun Sie es aufrecht, nicht unterwürfig. Jammern Sie nicht, sondern bitten Sie, weil Sie zu einem guten Netzwerk von Helfern und Hilfebedürftigen gehören.

Wie Sie durch Handeln glücklich werden

Glück ist eine viel strapazierte und missverständliche Vokabel. Deswegen ist es beim Glück wichtig, sich erst einmal mit dem Wort selbst zu beschäftigen.

Glück ist in der deutschen Sprache ein verwirrender Begriff. Engländer und viele andere Völker unterscheiden zwischen »luck« (einem erfreulichen Zufall, etwa ein Lottogewinn) und »happiness« (die angenehme Gemütsstimmung). Wir müssen für »Glück haben« und »Glück empfinden« mit einem Wort auskommen. Unterscheiden Sie zwischen kurzzeitigen Glücksfällen, die Ihnen ohne Ihr Zutun zustoßen, und dem Glücklichsein, das Sie sehr wohl beeinflussen können.

Den Haupttreffer im Lotto können Sie sich nicht schmieden. Wie glücklich Sie jedoch (mit oder ohne Gewinn) werden, ist Ihre Entscheidung.

Das Sprichwort »Jeder ist seines Glückes Schmied« stimmt daher nur zur Hälfte. Somit haben die Befürworter wie auch die Gegner dieses Sprichwortes Recht.

Sie sind Ihren Gefühlen nicht ausgeliefert

Auf viele Situationen reagieren Ihr Körper und Ihre Psyche reflexartig: Sie rasten aus, wenn Sie etwas ungerecht finden; Sie lachen spontan über einen eigentlich geschmacklosen Witz. Aber danach verarbeitet Ihr Gehirn Ihre innere Aufwallung und macht aus der Sofortreaktion ein Gefühl. Inzwischen weiß man, dass das ein höchst komplexer Vorgang ist: Jede negative Emotion enthält sowohl glückliche als auch unglückliche Aspekte, und jede positive Emotion auch. Ihr Gehirn kann also tatsächlich »das Beste draus machen« oder alles völlig schwarz sehen. Unaufhörlich liegen in Ihrem Inneren Lust und Schmerz im Wettstreit miteinander. Die gute Nachricht: Sie können Ihr Gehirn auf die Betonung des Angenehmen trainieren.

Schon der griechische Philosoph Aristoteles erkannte: »Glück ist eine Folge von Tätigkeit.«

Üben Sie das Glücklichsein

Traurige oder gefährliche Situationen bewegen den Menschen stärker als angenehme. Verluste tun mehr weh, als Gewinne in der gleichen Höhe gut tun. Diese Vorliebe für Tragik ist begründet in der menschlichen Entwicklung: Unsere frühen Vorfahren mussten sich beim leisesten Rascheln im Gebüsch in Sicherheit bringen. Das Davonrennen erzeugte in ihnen ein Glücksgefühl, damit Sie

länger und schneller laufen konnten. Bewegung macht noch heute glücklich. Regelmäßige, nicht zu anstrengende körperliche Betätigung erzeugt positive Emotionen.

Trainieren Sie das Lächeln

Lächeln bewirkt einen Rückkopplungseffekt auf die Stimmung. Wer sich selbst lächeln sieht, fühlt sich besser. Es funktioniert allerdings nur beim echten, dem sogenannten Duchenne-Lächeln, bei dem sich der Augenringmuskel zusammenzieht. Bei den meisten Menschen gehört dieser Muskel nicht zum willentlich steuerbaren Nervensystem. Um diesen entscheidenden Glücksschalter zu aktivieren, müssen Sie indirekt vorgehen: Ziehen Sie die Mundwinkel nach oben, entspannen Sie die Augenbrauenmuskeln und versuchen Sie, Lachfältchen in den Augenwinkeln zu erzeugen. Wenn Sie das unverkrampft tun und beginnen, über Ihr eigenes Lächeln zu lächeln, hat das anfangs künstliche Lächeln das echte Lächeln erzeugt. Ihr Augenringmuskel meldet gute Laune ans Gehirn. Ein Regelkreislauf kommt in Gang, der Ihnen hilft, das Angenehme Ihrer Situation zu sehen. Wenn Ihnen das zu peinlich erscheint, probieren Sie es aus, wenn niemand zusieht. Es funktioniert!

Wut und Ärger sind ungesund

Negative Emotionen »herauszulassen«, ist nicht hilfreich. Das hat die Hirnforschung eindeutig geklärt: Wutanfälle steigern die Wut, Tränenausbrüche treiben tiefer in die Depression. Nehmen Sie Ärger, Zorn und andere negative Emotionen daher lieber einen Moment lang wahr, schieben Sie diese danach aber wieder zur Seite und gehen Sie zur Tagesordnung über. Das lässt sich trainieren. Manche Menschen halten das für »unehrlich«. Aber es ist nachweislich gesund.

Denken Sie nicht nur positiv

Ihr Gehirn denkt ständig beides: positiv und negativ. Wer versucht, die – nicht nur für unsere frühen Vorfahren sehr nützlichen – negativen Emotionen wegzudrücken, kann sich dauerhaften Schaden zufügen. Wählen Sie lieber eine gesunde Doppelstrategie. Schaffen Sie sich positive Emotionen – durch Bewegung, Lächeln … – und nehmen Sie das Unangenehme auf neue Weise wahr. Sehen Sie das Gute im Schlechten. Dann wachsen in Ihrem Gehirn neue, glücksfördernde Verbindungen. Bei den nächsten Begegnungen mit der gleichen Stress-Situation reagieren Sie immer gelassener. Sagen Sie sich: »Daumen hoch! Ich weiß, wie das läuft!«

Die Kraft der kleinen Schritte

Menschen überschätzen den Effekt von großen Gewaltaktionen – egal ob es um Diät, Revolution oder Totalreform geht – und unterschätzen die Kraft der kleinen Maßnahmen.

Wenn Sie sich etwas abgewöhnen wollen (Rauchen, Süßigkeiten, Aufschieberitis, Internetsucht), machen Sie eine Kleinigkeit anders! Finden Sie heraus, was genau Sie während der Handlung tun, die Sie sich abgewöhnen wollen, und tun Sie in Zukunft etwas auf andere Weise. Bewahren Sie Ihre Zigaretten oder Ihr Naschzeug an einem anderen Platz auf; stellen Sie Ihr Telefon auf die andere Seite des Schreibtischs, dazu ein rotes »Sofort«-Schild; verstecken Sie den Button für den Internet-Browser weiter unten im Programm-Menü usw.

Denken Sie nicht »Aber das ist doch viel zu wenig«. Sondern sagen Sie sich: »Mit vielen solcher winziger Details verändere ich mein gewohntes Muster.« Nur so finden Sie aus dem alten Schlendrian heraus.

Kleine Sachen statt großer Gedanken

Sie können Ihre Gefühle und Ihre Gedanken nicht grundsätzlich ändern. Sie können sich während einer depressiven Phase nicht zum Glücklichsein zwingen. Aber Sie können Ihre Handlungen verändern. Betrachten Sie Ihren Alltag mit den Augen eines Forschers. Studieren Sie Ihre typischen Bewegungsabläufe. Finden Sie in der Kette Ihrer Handlungsmuster das Glied heraus, das Sie am meisten stört – und verändern Sie es. Schon die kleinste Variante kann der entscheidende Schritt heraus aus dem Teufelskreis werden.

● Wenn Ihr Arbeitsplatz chaotisch aussieht: Nehmen Sie sich genau 15 Minuten Zeit, um eine Ecke davon aufzuräumen, mehr nicht. Damit besiegen Sie den Seufzer »Da brauche ich ja Wochen zum Aufräumen!«

● Wenn Sie zu viel zwischendurch essen: Essen Sie niemals im Stehen am Kühlschrank oder auf dem Sofa, sondern nur noch am Esstisch, mit Teller und Besteck. Stellen Sie ein großes Glas Wasser an Ihren Arbeitsplatz, denn meistens lässt sich der »kleine Hunger« damit besänftigen.

● Wenn Sie zu morgendlichen Durchhängern neigen und den halben Vormittag im Morgenmantel verbringen: Bereiten Sie am Abend alle Kleidungsstücke vor und frühstücken Sie grundsätzlich angezogen.

Liebe statt Vorwürfe

In jeder Partnerschaft oder Ehe gibt es die schrecklichen großen und kleinen Dinge, die am anderen nerven: Er pflegt sich manchmal

nur oberflächlich, sie hat oft etwas auszusetzen, er ist gelegentlich geistig abwesend, sie ist reizbar. Bald werden Ihre Gedanken von den schlechten Angewohnheiten des anderen dominiert und zur Charaktereigenschaft hochstilisiert: »Nie wäscht er sich«, »immer stänkert sie herum.«

Konzentrieren Sie sich stattdessen auf eine Sache, die Ihr Gegenüber richtig macht: Sie achtet immer darauf, gut auszusehen, wenn sie ausgeht; er hält die finanziellen Dinge verlässlich gut in Schuss; sie hat einen guten Sinn für die Stärken anderer Menschen; er kann sich so herrlich über Kleinigkeiten freuen. Schon ist der Teufelskreis durchbrochen.

Eine besonders hinderliche Bremse auf dem Weg zu Ihrem Glück sind die ewigen Vergleiche mit der Vergangenheit.

Eine Stunde Zukunft statt Lebensrückblick

Vielleicht waren Sie früher schlanker, fröhlicher, anerkannter und sahen besser aus. Aber was zählt, sind Ihre Gegenwart und die Lebensfreude, die Sie momentan erleben – ohne Vergleiche mit damals und ohne Sorgen vor morgen.

Das beginnt bei Ihrer Ausdrucksweise. Wenn Sie von der Vergangenheit sprechen, machen Sie das durch die Vergangenheitsform deutlich. Sagen Sie: »Ich war ein trauriger Mensch«, anstelle der Verallgemeinerung: »Ich bin ein trauriger Mensch«, wenn Sie momentan nicht in diesem Zustand sind. Sagen Sie: »Es gibt Zeiten, in denen mir alles über den Kopf wächst«, anstelle von: »Immer wächst mir alles über den Kopf.«

Schon kleine Rituale helfen

Vertrauen Sie auf die Kraft kleiner Rituale, wenn Sie in ungelösten Problemen der Vergangenheit feststecken. Suchen Sie ein Symbol für das, was Sie belastet: ein Stück von dem Auto, in dem Sie einen Verkehrsunfall hatten; eine Karikatur eines zornigen Vaters; Unterlagen eines finanziellen Fehlers; das Foto einer verflossenen Geliebten. Trennen Sie sich dann in einer kleinen Zeremonie davon: Verbrennen Sie es, vergraben Sie es oder versenken Sie es im Fluss – und beginnen Sie Ihr neues Leben.

Handeln Sie nach der 80-Prozent-Regel

Viele Menschen sind hin- und hergerissen zwischen Perfektionismus und Untätigkeit. Dabei läge die Wahrheit nicht in der Mitte, sondern auf einer Skala von 0 bis 100 bei 80.

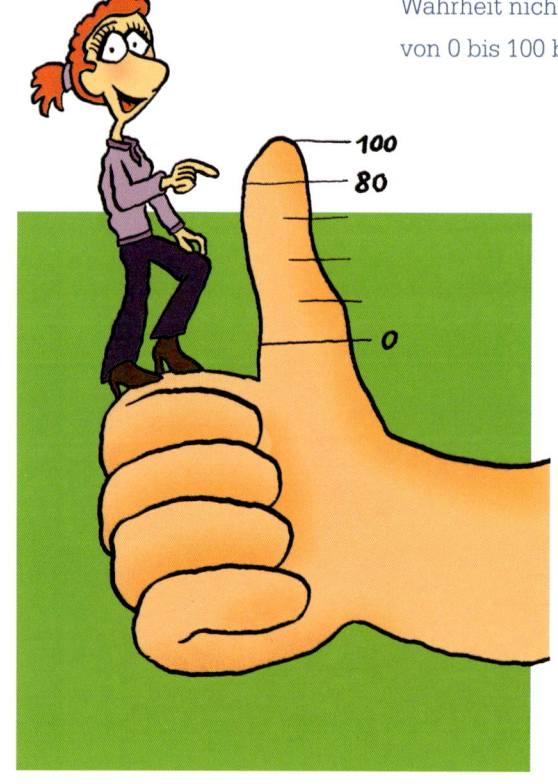

Der Schweizer Soziologe und Wirtschaftswissenschaftler Vilfredo Pareto (1848–1923) beschrieb als erster das Phänomen, dass überall auf der Welt ein Großteil der Aktivitäten auf einen Bruchteil der Akteure entfällt. Die Kombination 80 zu 20 erschien ihm besonders häufig. In vielen Ländern erwirtschaften 20 Prozent der Bevölkerung 80 Prozent des Nationaleinkommens. Diese Zahl findet sich als »Pareto-Prinzip« in vielen Bereichen: 20 Prozent der Fischer fangen 80 Prozent der Fische. Ein Verlag macht mit 20 Prozent seiner Titel 80 Prozent seines Umsatzes. Sogar im Privatleben scheint das zu gelten: 20 Prozent Ihrer Erlebnisse und Tätigkeiten sind verantwortlich für 80 Prozent Ihres Glücks und Ihrer Zufriedenheit. Gleichgültig, ob diese Zahl nun genau stimmt oder nicht: Die Mehrzahl Ihrer Zeit verbringen Sie mit Aktivitäten, die Sie nicht mögen oder mit Menschen, die Sie nicht leiden können. Erstaunlicherweise nehmen die meisten Zeitgenossen das als selbstverständlich hin. Mit der folgenden Methode können Sie Ihren Alltag revolutionieren.

Ermitteln Sie Ihre Qualitätszeit

Schreiben Sie ohne Zeitdruck auf ein Blatt Papier 20 Tätigkeiten, bei denen Sie glücklich sind. Hören Sie erst auf, wenn Sie wirklich 20 Punkte aufgelistet haben. Danach zählen Sie 20 Menschen auf, in deren Gesellschaft Sie entspannt sind und sich wohl fühlen. Zum Schluss schreiben Sie hinter jede Aktion und jede Person die Zahl der Stunden, die Sie in den letzten 14 Tagen mit diesen Beschäftigungen und Menschen verbracht haben. Zählen Sie alles zusammen.

Seien Sie nicht zu entsetzt über das Ergebnis. Bei den meisten Menschen ist die Summe weit geringer als 40 Stunden. Das entspräche 20 Prozent, denn 14 Tage bedeuten etwa 200 Stunden verfügbare Zeit.

Steigern Sie Ihre Qualitätszeit

Wählen Sie sich zwei Aktivitäten und zwei Menschen aus Ihrer Liste, für die Sie innerhalb der nächsten Woche mehr Zeit verwenden möchten. Es ist wirklich so einfach! Damit es nicht in Vergessenheit gerät: Verankern Sie für die nächste Woche in Ihrem Terminplaner täglich eine Stunde für eine der Aktivitäten auf Ihrem Zettel. Vereinbaren Sie mit einem der Freunde oder Bekannten von

Ihrer Liste ein Treffen innerhalb der nächsten sieben Tage.

Gehen Sie den positiven Weg

Vielleicht sind Ihnen beim Schreiben der Liste allerhand unangenehme Tätigkeiten in den Sinn gekommen, mit denen Sie von dem abgelenkt werden, was Sie glücklich und zufrieden machen könnte. Dazu sind Ihnen wahrscheinlich eine Menge Menschen eingefallen, die Sie aggressiv machen oder die Sie entsetzlich langweilig finden. Solche Qualitätsbremser abzuschaffen ist ein höchst unerfreulicher Weg, denn in der Regel wehren sich diese Aktivitäten und Menschen mit Händen und Füßen.

Gehen Sie lieber den positiven Weg: Indem Sie Ihren Glück bringenden Stunden wenigstens 20 Prozent Ihres Lebens einräumen, geht es 80 Prozent Ihrer Persönlichkeit besser. Außerdem bleibt für die unerfreulichen Alltagsbeschäftigungen und Bekannten automatisch weniger Zeit übrig.

So sind Sie zur richtigen Zeit am richtigen Platz

Stellen Sie sich vor, Sie wären Besitzer einer kleinen Imbissbude. Dann wird gegenüber ein riesiges Bürohaus gebaut, ohne Kantine, und Ihr Geschäft brummt. Das könnte Ihre Geschichte werden!

Wo waren Sie, als die Internet-Revolution begann? Gehörten Sie in Ihrer Firma zu den ersten, die die Chancen erkannten, oder waren Sie skeptisch? Wo waren Sie beim Handy-Boom? Der nächste Erfolgszug rollt gerade irgendwo an: Solartechnik? Bio-Medizin? Mobiles Internet? Bildung für Vorschulkinder? Für Senioren? Eine neue Massagetechnik, eine Innovation in der Psychologie, Theologie, Elektrotechnik … Die Welt ist voller Riesenchancen. Viele davon haben Sie verpasst. Sie waren zu langsam, zu skeptisch. Aber bei der nächsten Welle könnten Sie es sein, der oben drauf reitet – glücklich, zufrieden und erfolgreich. Vielleicht sind Sie schon dort. Ein Exportland wie Westeuropa hat alle Möglichkeiten, um mit der ganzen Welt in Kontakt zu treten.

Wie Sie sofort kraftvoll handeln

Viele Menschen sind am richtigen Platz, erwischen die Welle, haben auch eine Vision – aber dann beschäftigen Sie sich mit dem Projekt, das den meisten Erfolg erwarten lässt, nur »ein bisschen«, sie »warten erst mal ab« und verpassen eine große Chance. Der Motivationsexperte Craig Lock hat folgende fünf Ratschläge erarbeitet, mit der Sie der Kraft Ihres handelnden Daumens folgen können:

1. Werden Sie leidenschaftlich

Sie sollten sich nie dafür entschuldigen, wenn Sie sich für etwas Neues begeistern. Viele Menschen halten es für eine Stärke, allen Neuerungen gegenüber zurückhaltend, cool und zynisch zu bleiben. Machen Sie um solche Leute einen Bogen. Wenn Sie Erfolg haben möchten, können Sie niemals jedermanns Liebling sein.

Umgeben Sie sich mit begeisterungsfähigen Köpfen und Herzen.

2. Bleiben Sie Schüler

Lernen Sie von anderen. Aber nur, was Sie gut finden. Wenn Sie jemanden beneiden, ist er in der Regel ein besonders nützlicher Lehrmeister für Sie. Lassen Sie sich von Pannen und Rückschlägen nicht zurückwerfen. »Erfolg besteht zu 99 Prozent aus Fehlern« sagt ein amerikanisches Sprichwort. Das ist natürlich übertrieben, aber die Zahl ist ein guter Maßstab. Schätzen Sie sich glücklich, wenn Sie weniger Fehler brauchen, um ans Ziel zu gelangen!

3. Werden Sie ein demütiger Angeber

Das klingt so schwierig, wie es ist. Erfolgreiche Menschen leben in einem ständigen Spagat zwischen Bescheidenheit und Werbung für sich selbst. Sorgen Sie dafür, dass man Sie wahrnimmt, aber vermeiden Sie, dass man hinter Ihrem Rücken schlecht über Sie redet. Je erfolgreicher Sie werden, umso bescheidener dürfen Sie auftreten.

4. Haben Sie Spaß

Suchen Sie sich ein gutes Vorbild für katastrophale Situationen, etwa die Filmfigur Alexis Sorbas: Monatelang hat er in mühsamer Arbeit eine riesige, lange Förderrutsche für sein Bergwerk aufgebaut. Als sie beim ersten Testlauf in sich zusammenbricht, bekommt er einen Lachanfall und tanzt den Rest der Nacht. Der Erfinder Thomas Edison schrieb in sein Tagebuch: »Eigentlich habe in meinem ganzen Leben nie wirklich gearbeitet. Es war immer ein Riesenspaß!«

5. Seien Sie für andere da

Erfolg ist Gift, wenn Sie ihn nur für sich selbst gebrauchen. Dann verseucht und korrumpiert er Sie. Entwickeln Sie Ihre Kraft weiter, um anderen zu helfen und den Erfolg weiterzugeben. Erfolgreich ist, wer andere erfolgreich macht. Dann ist Erfolg kein Gift, sondern ein Samen, der sich ausbreitet und vielen Menschen Lohn und Brot gibt.

Wenn es nicht klappt

Geben Sie nicht auf, wenn Ihre Erwartungen enttäuscht wurden. Auch erfolgreiche Menschen sind immer wieder gescheitert, aber sie haben sich nicht entmutigen lassen, sondern weitergemacht.

Dieses Mal sollte alles anders werden. Sie wollten eine neue Arbeitsstelle finden. Klüger mit dem Geld umgehen. Liebevoller zu Ihrem Partner sein. Aber es hat nicht geklappt. Woran kann das gelegen haben?

Anfangen ohne Planung, Planen ohne anzufangen

Es ist schön, wenn Sie einen Traum ohne Zögern angepackt haben. Aber Impulsivität ist die Mutter der Reue, sagt man in Italien. Teilen Sie Ihr großes Projekt in sinnvolle Einheiten auf, die Sie bewältigen können. Am besten ist die Tagesplanung.

Leisten Sie sich für größere professionelle Projekte, die nicht zu Ihrem eigenen Fachgebiet gehören, einen professionellen Planer oder Berater aus der betreffenden Branche, also beispielsweise für Bauvorhaben, bei denen ohne hieb- und stichfeste Termine, Pläne und Verträge Zeit und Kosten schnell aus dem Ruder laufen können.

Endlose Vorbereitungen und das Warten auf die »richtige Stimmung« sind so nutzlos wie wildes Drauflosarbeiten. Entwerfen Sie bei Ihrer Planung auch den ersten Schritt, den Sie noch am gleichen Tag beginnen.

Angst vor dem Scheitern

Der Urgroßvater des Scheiterns ist die Angst davor zu scheitern. Ein gutes Mittel, sie zu vertreiben, ist Wissen. Informieren Sie sich bei Menschen, die ähnliche Ziele wie die Ihren bereits erreicht haben. Lesen Sie Biografien, sammeln Sie alle erreichbaren Fakten über Ihren Traum. Mit jeder neuen Information ist in Ihrem Herzen weniger Platz für das Gespenst des Scheiterns und mehr Raum für Energie und Begeisterung!

Unrealistische Erwartungen

Leben ist ein Prozess, keine Veranstaltung. In der Geschichte der Menschheit wurde kein wirklich großes Projekt schnell mal nebenbei erledigt, sondern verlangte immer Planung, Erfahrung und Geduld. Beherzigen Sie Murphys Gesetz: »Alles dauert länger als in deiner pessimistischsten Prognose.«

Es ohne andere schaffen wollen

So wichtig es ist, dass Sie selbst hinter Ihrem Vorhaben stehen: Niemand geht wirklich allein durchs Leben. Jeder braucht die Kooperation und die Unterstützung anderer. Knüpfen Sie sich ein Netzwerk. Das sind nicht nur ein paar zufällige Freunde, sondern Menschen, die mehrfach untereinander zu tun haben und zu denen Sie passen.

ERMUNTERUNG ZUM ENTHUSIASMUS

Ich wäre lieber Asche als Staub.
Ich wollte eher, dass mein Funke
in einem Feuermeer verglüht,
als dass er im Sand erstickt.
Ich wäre lieber ein überheller
Meteor,
jedes meiner Atome in herrlichem
Glanz,
als ein schläfriger und dauerhafter
Wüstenplanet.
Die eigentliche Aufgabe des
Menschen ist,
zu leben, nicht nur zu existieren.
Ich werde meine Tage nicht
für den Versuch verschwenden, sie
zu verlängern.
Ich nutze meine Zeit.

Jack London

So finden Sie zur Dankbarkeit

Das mittlere Glied des Daumens berühren und dabei danken für das Leben – so lautet die zweite Meditationsanweisung von Mauburnus für den Daumen.

Dankbarkeit ist eine wichtige Voraussetzung, um vom Leiden zum Handeln zu finden, vom Klagen zum Anpacken. Die folgenden Vorschläge behandeln Sie am besten wie die Speisen auf einem Büffet: Sie müssen nicht alle essen. Beschränken Sie sich auf die, die Ihnen am besten gefallen, und integrieren Sie diese in Ihr persönliches Hand-Ritual zum Thema Daumen.

Sehen Sie voraus

»Ein Ziel ist ein Traum mit einem Termin«, lautet eine kluge Erkenntnis. Geben Sie jeder Aufgabe einen realistischen Zeitrahmen: Den Bericht schreibe ich innerhalb der nächsten 45 Minuten, mehr Lebenszeit ist er nicht wert! Ende Mai wird der Gartenschuppen aufgebaut sein. Sehen Sie das fertige Ergebnis vor Ihrem inneren Auge und fühlen

Sie sich hinein: Wie wird es aussehen, wenn das Ziel erreicht ist? Spüren Sie schon jetzt das gute und dankbare Gefühl, das Sie dann haben werden. Erzählen Sie anderen davon. Tun Sie es in der Gewissheit: Was ich anpacke, wird auch geschehen.

Erhöhen Sie Ihre Liebesfrequenz

Sie haben bisher genug erlitten und sich herumgeärgert. Umgeben Sie sich ab jetzt mit Menschen, von denen Sie unterstützt und geliebt werden. Halten Sie sich von den Menschen fern, die Sie viel Energie kosten und Ihnen ein Bein stellen, anstatt Ihnen die Hand zu reichen und aufzuhelfen. Genießen Sie dankbar den Schatz der Menschen, die Ihnen zugeneigt sind, und lassen Sie sie wissen, dass Sie mit ihnen glücklich sind. Sagen Sie ihnen: »Danke, dass es dich gibt.«

Nutzen Sie den Tag

Das Leben ist kostbar – machen Sie das Beste aus jedem Tag. Stehen Sie mindestens einmal pro Woche besonders früh auf und verbringen Sie eine Morgenstunde mit sich allein. Tanken Sie auf bei einem Spaziergang, beim Sport oder beim Lesen eines Buchs. Vergegenwärtigen Sie sich, dass ein Tag Leben immer eine Kostbarkeit ist. Atmen Sie dankbar, essen und trinken Sie dankbar, ge-

hen Sie dankbar über Gras, Asphalt, Teppichboden und Parkett.

Verlassen Sie die Komfortzone

Wagen Sie sich jeden Tag an eine Tat, die Ihnen eigentlich unangenehm ist. Begegnen Sie Ihren Sorgen und Ängsten aktiv. Mit jeder kleinen Herausforderung wachsen Sie innerlich. Für den Anfang genügt es, Ihren ungeliebten Nachbarn zu grüßen oder die Steuererklärung frühzeitig anzufangen. Danach

In Ihnen steckt viel Unsicherheit, aber Sie besitzen auch unerschütterliche Kräfte und beachtliche Reserven.

werden Sie ein gutes Gefühl empfinden, das immer auch eine Portion Dankbarkeit enthalten wird.

Dienen Sie anderen

Seien Sie ein Vorbild und ein Mentor für andere. Werden Sie eine Wohltat für andere, indem Sie sich für etwas Gutes engagieren. Ihre Umwelt wird dadurch bereichert und Sie können Ihre Talente sinnvoll einbringen. Tun Sie jeden Tag etwas, wofür Ihnen andere dankbar sind. Sehen Sie Dankbarkeit als eine Art globale Bank: Sie können an jeder beliebigen Stelle etwas einzahlen und an jeder beliebigen anderen Stelle etwas abheben.

Vertrauen Sie darauf: Jede Freundlichkeit, die Sie einem anderen erweisen, kommt auf geheimnisvollen Wegen irgendwann zu Ihnen zurück.

Sehen Sie die Kette der Dankbarkeit

Sie stehen auf den Schultern anderer, viele Generationen haben zu Ihrem Leben beigetragen. Zeigen Sie Ihre Dankbarkeit im Gro-

ßen und im Kleinen, bewahren Sie sich die Einstellung eines glücklich Beschenkten. Erinnern Sie sich an Menschen, die Ihnen geholfen haben. Anerkennen Sie die hervorragende Arbeit, die ihr Kollege macht, honorieren Sie guten Service mit Trinkgeld.

Feiern Sie Ihre Erfolge

Jeder Erfolg, auch der kleinste, war eine Herausforderung, die Sie gemeistert haben. Wie viele andere Menschen hätten das nicht so gut geschafft wie Sie! Nehmen Sie sich Zeit, Gelungenes dankbar zu würdigen. Gönnen Sie sich eine kleine Belohnung und belohnen Sie andere. Zeigen Sie Respekt gegenüber Menschen, die sich größeren Aufgaben stellen als Sie. Bleiben Sie aber auch bescheiden gegenüber denen, die auch für kleinere Aufgaben viel Kraft brauchen.

Wie Sie die Welt verändern

»Die Veränderungen, die wir dieser Welt wünschen, müssen wir selbst tun.« Das war die Überzeugung von Mahatma Gandhi.

Er lebte es vor und führte – wesentlich durch seinen persönlichen Einsatz – Indien in die Unabhängigkeit von Großbritannien. Eines der mächtigsten Länder der Erde musste sich gegenüber der Durchsetzungskraft eines Einzelnen und dem Traum von Millionen geschlagen geben. Gandhi arbeitete nach dem Grundsatz: »Du kannst die Welt auch auf sanfte Weise erschüttern.«

Der Autor Michael Angier hat das Werk Gandhis zu folgenden einfachen Grundsätze zusammengefasst.

Der Einzelne zählt

Alle großen Veränderungen in der Geschichte lassen sich zurückführen auf das Engagement Einzelner: Johanna von Orleans, Martin Luther, Abraham Lincoln, Michail Gorbatschow. Sie haben es nicht allein geschafft, aber sie waren entscheidende Impulsgeber.

Die Kraft ist da

Sie müssen das Neue nicht erschaffen, sondern entdecken. Das ist es, was auch und gerade ein Einzelner kann: das bisher Ungesehene sehen, das bisher Ungeträumte träumen.

Weltwirtschaft und Naturgewalten haben Sie nicht in Ihrer Hand. Aber wie Sie sich dazu verhalten, liegt einzig an Ihnen.

Jeder Satz zählt

Was auch immer Sie tun, schreiben, sprechen oder verschweigen – es zählt. Nichts ist vergebens. Die Welt ist groß, aber gesteuert wird sie von kleinen Dingen. Alles hat eine Bedeutung.

Lautstärke ist kein Argument

Um die Veränderung zu vollbringen, die Sie in der Welt erreichen wollen, müssen Sie nicht mächtig, laut, beredt oder auserwählt sein. Auch auf Bildung oder Begabung kommt es nicht an. Was zählt, ist Ihr unbedingter Wille.

Übernehmen Sie Verantwortung

Sagen Sie niemals »Das ist nicht meine Aufgabe. Das sollen andere machen.« Denken Sie auch nicht: »Was kann ich als Einzelner schon ausrichten.« Um Veränderungen anzustoßen, brauchen Sie weder die Mithilfe noch die Erlaubnis von anderen. Halten Sie es wie der Prophet Jesaja. Als der im Tempel die Stimme Gottes hörte, antwortete er nur: »Hier bin ich. Sende mich.«

Starren Sie nicht auf das »wie«

Wenn Sie sich absolut sicher sind, was Sie ändern wollen, kommt das »Wie« von allein. Viele entscheidende Reformen und Veränderungen scheiterten, weil man sich in den

Details verheddere und das große Ziel aus den Augen verlor. Viele Menschen bringen dringend notwendige Verbesserungen in ihrem Leben oder in ihrer Gesellschaft nicht zustande, weil sie an verhältnismäßig winzigen Details scheitern. Behalten Sie das große Ziel im Auge. Denken Sie groß - und zwingen Sie dadurch den Kleinkram in die Nebenrolle, die er verdient.

Warten Sie nicht auf den besten Zeitpunkt

Veränderung ist anfangs immer Chaos. Der ideale Moment zum Start kommt nie. Beginnen Sie daher nicht irgendwann, sondern jetzt. Theodor Roosevelt riet: »Tu was du kannst, mit dem was du hast und wo du gerade bist.«

Beobachten Sie aufmerksam

Jede Veränderung entspringt der achtsamen Analyse des Bestehenden. Sie können nicht ändern, was Sie nicht kennen. Erst wenn Sie klar sehen, was gut läuft oder schlecht, bekommen Sie den Blick für das, was sein könnte.

»Fantasie ist wichtiger als Wissen«

Das ist ein Satz von Albert Einstein. Je kräftiger, bunter und lebendiger Ihre Vorstellung von dem ist, was sein könnte, desto überzeugender und machtvoller werden Sie die notwendigen Veränderungen anstoßen.

Es beginnt in Ihnen

Um etwas zu verändern, haben Sie zu allererst sich selbst zu ändern. Niemand kann einen anderen Menschen wirklich verändern. Der einzige Weg ist, selbst Vorbild zu sein. Wenn aber Sie sich ändern, ändert sich alles.

Veränderung – von innen nach außen

Als ich jung und frei war und meine Fantasie keine Grenzen kannte, träumte ich davon, die Welt zu verändern. Als ich älter und weiser wurde, stellte ich fest, dass die Welt sich nicht veränderte.
Also reduzierte ich meine Erwartungen und beschloss, nur mein Land zu verändern. Aber auch das erschien mir unveränderbar. Als ich die Abenddämmerung meines Lebens erreichte, versuchte ich in einem letzten verzweifelten Versuch, wenigstens die Menschen zu verändern, die mir am nächsten standen. Aber auch die ließen sich darauf nicht ein.
Jetzt, da ich im Sterben liege, wurde mir plötzlich klar: Wenn ich doch am Anfang nur mich selbst verändert hatte, dann hätte mein Beispiel meine Familie verändert. Durch ihre Ermutigung wäre ich in der Lage gewesen, mein Land zu verbessern. Und wer weiß, ich hätte sogar die Welt verändert.

Inschrift auf dem Grab eines Bischofs, gefunden in der Westminster Abbey, London. Der Name des Bischofs ist unbekannt, er starb im Jahr 1100.

Die Zehn Gebote der Gelassenheit

Zunächst als Verlegenheitskandidat gewählt, wurde Giuseppe Roncalli (1881–1963) zum beliebtesten Papst des 20. Jahrhunderts. Klugheit und Erneuerungskraft verband Johannes XXIII. mit einer legendären humorvollen Gelassenheit.

Gerne erzählte er, was sein Schutzengel ihm öfters in Ohr flüsterte: »Giovanni, nimm dich nicht so wichtig!« Auch das hohe Amt änderte nichts an seiner Bescheidenheit: »Papst kann jeder werden. Der beste Beweis dafür bin ich selbst.« Johannes XXIII. wollte »frische Luft in die Kirche lassen« und mit dem Konzil neue Wege einschlagen: »Ohne etwas heilige Verrücktheit kann die Kirche nicht wachsen.«

So saß von 1958 an ein Mensch auf dem Papstthron, der »Heiterkeit, innere Ruhe und Hingabe an Gott« als die drei Säulen seines Lebens bezeichnete. Entsprechend menschenfreundlich fallen seine zehn Regeln der Gelassenheit aus. Sie passen sehr gut zu dem in diesem Buch vorgestellten Weg der kleinen Schritte und überfordern niemanden.

1. Leben
Nur für heute werde ich mich bemühen, einfach den Tag zu erleben – ohne alle Probleme meines Lebens auf einmal lösen zu wollen.

2. Sorgfalt
Nur für heute werde ich große Sorgfalt in mein Auftreten legen und vornehm sein in meinem Verhalten. Ich werde niemanden kritisieren. Ich werde nicht danach streben, die anderen zu korrigieren oder zu verbessern – nur mich selbst.

3. Glück
Nur für heute werde ich in der Gewissheit glücklich sein, dass ich für das Glück geschaffen bin – nicht für die andere, sondern auch für diese Welt.

4. Realismus
Nur für heute werde ich mich an die Umstände anpassen, ohne zu verlangen, dass die Umstände sich an meine Wünsche anpassen.

5. Lesen

Nur für heute werde ich zehn Minuten meiner Zeit einer guten Lektüre widmen. Wie das Essen notwendig ist für das Leben des Leibes, ist eine gute Lektüre notwendig für das Leben der Seele.

6. Handeln

Nur für heute werde ich eine gute Tat vollbringen. Und ich werde es niemandem erzählen.

7. Überwinden

Nur für heute werde ich etwas tun, wozu ich keine Lust habe. Sollte ich mich dadurch innerlich kränken, werde ich dafür sorgen, dass es niemand merkt.

8. Planen

Nur für heute werde ich ein genaues Programm aufstellen. Vielleicht halte ich mich nicht genau daran. Aber ich werde es aufschreiben und mich vor zwei Übeln hüten: vor der Hetze und vor der Unentschlossenheit.

9. Mut

Nur für heute werde ich keine Angst haben. Ganz besonders werde ich keine Angst haben, mich an allem zu freuen, was schön ist – und ich werde an die Güte glauben.

10. Vertrauen

Nur für heute werde ich fest daran glauben (selbst wenn die Umstände das Gegenteil zeigen sollten), dass die gütige Vorsehung Gottes sich um mich kümmert, als gäbe es sonst niemanden auf der Welt.

Nur für heute

Dabei werde ich mich nicht durch den Gedanken entmutigen lassen, ich müsste all das mein ganzes Leben lang durchhalten.

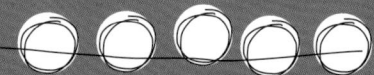

Das Fünf-Finger-Ritual im Alltag

»Es gibt nichts Gutes, außer man tut es.«
Vielleicht haben Sie während des Lesens schon
diese kluge Lebensweisheit von Kurt Tucholsky
beherzigt und die eine oder andere Finger-Übung
ausprobiert.

Auf den nächsten Seiten finden Sie komplette
Zusammenstellungen, wie Sie in typischen Situationen alle fünf Finger durchgehen können.

So helfen Ihnen Ihre fünf Finger

Das Fünf-Finger-Ritual eignet sich besonders gut für zwei sehr verschiedene Lebenslagen: Wenn Sie unverhofft Zeit haben, oder wenn Sie in seelischer Not sind.

Zuerst einmal herzlichen Glückwunsch: Sie haben geduldig die Beschreibungen und Ratschläge aller fünf Finger gelesen. Jetzt können Sie sich aus den einzelnen Übungen verschiedene Fünf-Finger-Menüs zusammenstellen. Als Anregung im Folgenden ein paar »Mustermenüs« für klassische Situationen, in denen das Fünf-Finger-Ritual helfen kann.

Es beginnt, wie auch beim Aufbau dieses Buchs, normalerweise mit dem kleinen Finger. Das ist jedoch nicht zwingend. Starten Sie, wenn Ihnen danach ist, ruhig auch einmal mit dem Daumen.

Sie müssen auch nicht alle fünf Finger »schaffen«. Wenn es Ihnen bereits nach zwei oder drei Fingern deutlich besser geht, hat Ihnen das Hand-Ritual schon geholfen. Und das ist es doch, worum es geht.

Abends zum besseren Einschlafen

Schlaflosigkeit ist eine weit verbreitete Plage. Nutzen Sie die Ruhe im Dunkel des eigenen Betts für ein Fünf-Finger-Einschlaf-Ritual.

Kleiner Finger

Fliegen Sie in Gedanken an Ihren Lieblingstraumort – an einen Palmenstrand vor einer türkisgrünen Lagune, in eine Oase in der Wüste mit faulenzenden Kamelen oder in ein riesiges Raumschiff, das lautlos in ein paar 100 km Höhe über der nächtlichen Erdkugel schwebt.

Ringfinger

Was ist momentan die größte Sorge, die Ihnen keine Ruhe lässt? Geben Sie Ihr einen Namen und eine Gestalt, beispielsweise die eines Raben, der mit Stoppuhr und Terminkalender in der Kralle darauf wartet, dass Sie endlich den Bericht für Ihren Chef abgeben. Lassen Sie diesen Raben davonfliegen, sehen Sie ihm lächelnd nach, wie er langsam (das ist wichtig!) am Horizont verschwindet. Geben Sie auf ähnliche Weise auch Ihren anderen Belastungen die Freiheit. Sollen sie doch morgen auf Sie warten, jetzt brauchen Sie vor allem guten Schlaf.

Mittelfinger

Fühlen Sie die Mitte Ihres Körpers, einen etwa nussgroßen Punkt unter Ihrem Bauchnabel. Erspüren Sie eine unsichtbare Energiekugel um diesen Mittelpunkt herum, etwa 2 m im Durchmesser. Da passen Sie genau hinein. Danach vergrößern Sie diese Kugel in Gedanken, bis sie rund 20 m Durchmesser hat. Ihre gesamte Wohnung, vielleicht das ganze Haus ist in dieser Kugel enthalten, aber Sie bleiben der Mittelpunkt. Mit 200 m Durchmesser umgibt Ihre Energie Ihre gesamte Nachbarschaft, bei 2 km Durchmesser das Stadtviertel oder bei 20 km den halben Ort, bei 200 km umfasst Ihr Bewusstsein die gesamte Region, bei 2000 km bereits mehrere Länder. Aber immer bleiben Sie das Zentrum, und mühelos – schneller als die Lichtgeschwindigkeit – können Sie Ihr Bewusstsein ausdehnen auf das gesamte Sonnensystem, unsere Milchstraße, das ganze Universum. Eine wunderschöne Abendmeditation, die zu innerer Ruhe und einem eigentümlichen Gefühl von Erhabenheit führt.

Zeigefinger

Planen Sie nicht den morgigen Tag, sondern Ihre nächsten Minuten. Folgen Sie Ihrem Zeigefinger auf einem gedachten Weg durch Ihre Traumlandschaft: schwimmen Sie durch das lauwarme Wasser der Lagune, reiten Sie auf dem Kamel dem Sonnenuntergang entgegen, umrunden Sie in Ihrem Raumschiff mühelos mehrmals die Erde.

Daumen

Tun Sie etwas, indem Sie kurz alle Muskeln Ihres Körpers anspannen und dann wieder loslassen. Genießen Sie diesen Moment der Entspannung. Folgen Sie der Aufforderung Ihres Daumens zur Liebe: Sehen Sie liebevoll und dankbar zurück auf den vergangenen

Tag, auch wenn er Ihnen noch so chaotisch vorgekommen sein mag – jetzt ist er vorbei. Sehen Sie liebevoll auf Ihren Partner, der neben Ihnen schläft – und schlafen Sie selbst beruhigt ein.

In der Warteschlange an der Supermarktkasse

Der Alltag konfrontiert Sie immer wieder mit allen möglichen Arten von Staus. Sie müssen warten und haben nicht daran gedacht, eine sinnvolle Beschäftigung mitzunehmen, um diese Zeit zu nutzen. Erinnern Sie sich einfach daran, dass Sie Ihre Finger immer dabei haben und gehen Sie alle fünf der Reihe nach durch.

Kleiner Finger

Stellen Sie sich als kleine Fluch vor, Sie wären ein anderer. Ein Flüchtling aus Afrika vielleicht, der zum ersten Mal in seinem Leben einen westlichen Supermarkt betritt. Sie staunen, wie viel von allem da ist – und wie wenig die Menschen dort über diese Fülle froh zu sein scheinen.

Oder: Sie sind Privatdetektiv und müssen versuchen, aus dem Inhalt der Einkaufswagen vor Ihnen auf die Persönlichkeit der Kunden zu schließen.

Ringfinger

Räumen Sie Ihre Jacken- und Hosentaschen aus. Befreien Sie sich auf diese Weise von unnützem Ballast. Genießen Sie, dass Sie aus jedem vermeintlich nutzlos verbrachten Moment etwas Sinnvolles machen können.

Mittelfinger

Atmen Sie ein paarmal so tief durch, dass ein angenehmer, entspannter Schauer Ihren Rücken hinunterläuft. Spüren Sie, wie Sie inmitten des sehr normalen Alltags eine Insel heiterer Gelassenheit darstellen.

Zeigefinger

Setzen Sie sich ein einfaches Ziel, beispielsweise, dass Sie der Kassiererin etwas Freundliches sagen werden oder Sie dem nächstbesten Menschen, der es brauchen kann, eine kleine Hilfe anbieten.

Daumen

Spüren Sie, dass Liebe und Aktivität in Ihnen steckt. Wenn Sie die Warterei hinter sich haben, werden Sie voller Energie durch den Tag gehen und dankbar sein für die kleine Wartepause, in der Sie innere Kraft getankt haben.

Beim Anziehen von Handschuhen

Es gibt nicht viele Gelegenheiten, wo sich Ihre Aufmerksamkeit auf Ihre Hände konzentriert. Wenn Sie sich warme Handschuhe anziehen, um Ihre Finger vor Kälte zu schützen, oder schöne Lederhandschuhe, um elegant auszusehen, oder Arbeitshandschuhe, um vor Verletzungen gefeit zu sein – nutzen Sie diesen Handschuh-Moment als Gelegenheit für Ihr Fünf-Finger-Ritual.

Kleiner Finger

Jeder Handschuh ist eine kleine Flucht. Ihre Finger bringen sich in Sicherheit. Schauen Sie dankbar auf die gute dicke Haut, die Ihre Hand jetzt umgibt. So dürfen auch Sie sich immer wieder schützen!

Ringfinger

Lassen Sie los. Wer Handschuhe trägt, hat eine Sorge weniger: Die Kälte ist nicht mehr so unangenehm, fleckige oder faltige Hände sehen schicker aus, Dornen oder Splitter können Ihrer Haut nichts anhaben.

Mittelfinger

Selbst so etwas Nebensächliches wie ein Paar Handschuhe kann helfen, sich an die eigene Mitte zu erinnern: Sie sind wertvoll, Sie werden gebraucht, Sie werden gesehen!

»Wenn ich Handschuhe im Sommer trage, ohne dass ich sie der Kälte wegen brauche, gehe ich bewusster, kleide mich bewusster und fühle mich anders betrachtet von meiner Umwelt. Das liebe ich.« So sagt es Annette Roeckl, die Chefin der gleichnamigen Modefirma. Vielleicht eine Anregung, sich anders von der Umwelt betrachten zu lassen?

Zeigefinger

Handschuhe anzuziehen ist ein Akt der Planung. Sie zu tragen, setzt fast immer ein Ziel voraus. Sie wollen an einen bestimmten Ort und wissen, dass es auf dem Weg dorthin kalt wird; Sie wollen eine bestimmte Wirkung auf andere erzielen; Sie haben ein Projekt vor sich – Rosen schneiden, Brennnesseln rupfen, Ziegelsteine schleppen, Holz hacken. Genießen Sie Ihr Projekt, auf das Sie sich so gut vorbereitet haben!

Daumen

Handschuhe erleichtern das Handeln. Sie lenken Ihre Aufmerksamkeit auf Ihre Hände und was Sie mit diesen Händen schaffen können. Alles, was Sie jetzt mit Ihren behandschuhten Händen vollbringen werden, ist ein Fünf-Finger-Ritual des Tuns.

Im Autostau

Daran haben Sie sicher nicht gedacht: Auch der Stau in einer Autoschlange bietet eine ideale Gelegenheit für ein Fünf-Finger-Ritual.

Kleiner Finger:

Stellen Sie das Radio ab (wenn Sie alle für Sie wichtigen Verkehrsnachrichten gehört haben). Entdecken Sie Ihr Auto als gute, schützende Haut und Ihren kleinen Fluchtort. Lenken Sie sich nicht ab, sondern genießen Sie den Stau als eine Möglichkeit der Konzentration auf sich selbst.

Ringfinger

Der Stau nimmt Sie heraus aus dem erbarmungslosen Schub der Zeit. Sie kommen vielleicht zu spät, Sie werden eventuell Probleme bekommen. Aber jetzt, in diesem Moment, können Sie dagegen nichts tun. Lassen Sie die Ängste los, die Ihnen der veränderte Zeitplan macht. Nehmen Sie sich weniger wichtig. Vielleicht können die anderen ganz wunderbar ohne Sie anfangen. Vielleicht ergibt sich gerade daraus eine neue Chance.

Mittelfinger

Fassen Sie das Lenkrad fest an und drücken Sie es mit aller Kraft zusammen. Dann lassen Sie los und genießen die Entspannung. Erfinden Sie andere Spannungs-Entspannungs-Übungen: Spannen Sie Ihre Gesäßmuskeln an und lassen Sie wieder locker; ziehen Sie die Schultern hoch und schütteln Sie sie dann wieder herunter; bewegen Sie Ihren Kopf, Ihre Wirbelsäule, Ihre Oberarme – es ist erstaunlich, wie viele Gymnastikübungen sich auf einem Autositz durchführen lassen.

Zeigefinger

Strecken Sie Ihre Zeigefinger nach vorne. Dort wollen Sie hin. Was genau soll dort passieren? Machen Sie einen Plan für den restlichen Tag. Was lässt sich vielleicht noch absagen? Welche Verpflichtung können Sie entrümpeln?

Daumen

Tun Sie, was Sie jetzt und direkt vom Auto aus tun können. Rufen Sie jemanden an und delegieren etwas oder werden Sie auf andere Weise eine bedrückende Verpflichtung los. Wenn das nicht geht, benutzen Sie Ihre Zwangspause im Auto als Ort der Entscheidung: Beschließen Sie, was Sie ab jetzt anders machen. Wenn Sie allein sind, sprechen Sie laut zu sich. Ein Auto ist ein herrlich privater Ort.

In einer schwierigen Entscheidungssituation

Sie bekommen eine neue berufliche Chance. Sollen Sie den vertrauten, sicheren Job dafür aufgeben? Oder Sie erhalten ein anderes verlockendes Angebot: eine neue Wohnung, eine Geldanlage, eine größere Anschaffung. Was auch immer Sie entscheiden müssen: Nehmen Sie Ihre fünf Finger zu Hilfe.

Kleiner Finger

Verlassen Sie den Raum, wechseln Sie den Ort. Suchen Sie sich einen Platz, an dem Sie sich gut und geborgen fühlen, der Ihnen vertraut ist und Ihnen hilft. Eine leere, möglichst alte Kirche ist immer ein guter Ort, auch wenn Sie kein gläubiger Mensch sind. In Kirchenräumen haben vor Ihnen schon viele Menschen gesessen, die in seelischer Not waren, haben gebetet und dadurch vielleicht Hilfe empfangen. Deren Energie ist (auch wenn das wissenschaftlich wohl niemals wird nachgewiesen werden können) in einem solchen Raum spürbar und kann Ihnen helfen.

Ringfinger

Räumen Sie Ihren Schreibtisch, Ihr Schlafzimmer oder sonst einen Raum auf. Das ist eine symbolische Handlung, bei der die Klärung der Äußerlichkeiten Ihnen hilft, auch innerlich klarer zu werden.

Mittelfinger

Suchen Sie sich einen angenehmen Platz, an dem Sie bequem sitzen oder liegen können.

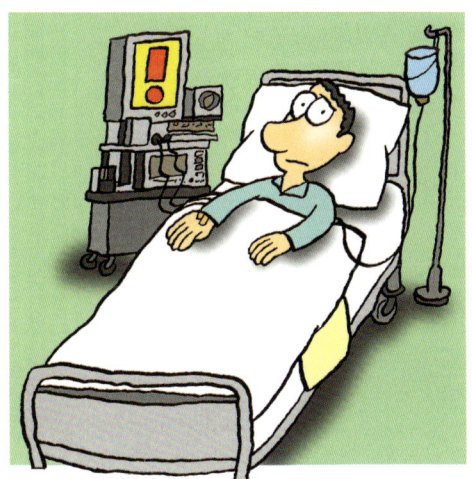

Tun Sie mindestens fünf Minuten lang nichts. Relaxen Sie mithilfe einer Entspannungstechnik, die Sie bereits einmal eingeübt haben. Lassen Sie in dieser Entspannungsphase alle inneren unruhigen Gedanken los. Wenn Ihnen das nicht gelingt, fangen Sie mit Ihrer Übung von vorne an. Sie sind in einer Situation, in der Sie unbedingt das äußere und innere Loslassen erreichen müssen. Erst dann kann Ihnen der nächste Finger helfen.

Zeigefinger

Sind Sie innerlich wirklich leer, fangen Sie gleichsam von vorne an: Spüren Sie, wie Sie an einer Weggabelung stehen und folgen Sie, ganz ohne Argumente, Ihrem Herzen. Oder Ihrem Körper, der in Gedanken einen der Wege gehen wird.

Daumen

Vertrauen Sie Ihrer Intuition. Tun Sie, was Ihr Inneres, Ihr Herz, Ihr Bauch Ihnen rät. Sehen Sie dankbar auf dieses innere Bild. Seien Sie froh, dass Sie sich entscheiden dürfen und dass es eine tiefe Weisheit in Ihrem Inneren gibt, die Ihnen hilft, das Richtige zu tun.

Nach Warnsignalen Ihres Körpers

Sehstörung, Hörsturz oder gar Schlaganfall und Herzinfarkt – ganz gleich, welche Art von medizinischer Versorgung Sie nach einer schwerwiegenden Krankheitsattacke bekommen haben: Jetzt zählt vor allem, dass Sie den Hilferuf Ihres Körpers ernst nehmen – und Ihr Leben ändern.

Kleiner Finger

Alle Maschinen stopp! Die kleine Flucht darf nach einem solchen Warnschuss ruhig etwas größer ausfallen. Gehen Sie an einen Ort, der weit weg ist vom üblichen Alltagsbetrieb. Stornieren Sie alle Termine, damit Sie mindestens einen halben Tag Zeit haben, um innezuhalten. Sprechen Sie mit Ihrem besten Freund, Ihrem liebsten Menschen. Reden und denken Sie nicht drum herum: Der Tod hat Ihnen die gelbe Karte gezeigt.

Ringfinger

Was ist derzeit die größte Belastung in Ihrem Leben? Denken Sie nicht zu lange nach. Die erste, die Ihnen in den Sinn kommt, ist meist genau die richtige. Oft ist schlimmer Termindruck oder eine ausweglos erscheinende Situation der Auslöser, der zum Aufschrei Ihres Körpers führt. Diese Belastung müssen Sie jetzt loswerden. Sofort! Nehmen Sie die Hilfe Ihres Körpers in Anspruch: Lassen Sie sich ein ärztliches Attest geben, reichen Sie

das weiter und beenden Sie damit den aktuell größten Druck. In keiner anderen Situation ist der befreiende Rat Ihres Ringfingers so wichtig wie jetzt!

Mittelfinger

Finden Sie zu sich selbst zurück. Nicht mit ein bisschen Atmen und Ausspannen, sondern steigen Sie wirklich aus: Buchen Sie mindestens eine Einkehrwoche in einem Kloster, lassen Sie sich in eine Kurklinik einweisen, wechseln Sie Ort und Zeit im großen Stil. Klettern Sie endlich heraus aus dem Hamsterrad, das Sie krank gemacht hat.

Zeigefinger

Lassen Sie sich Zeit, bevor Sie neue Pläne fassen. Die zentrale Botschaft einer Krankheit lautet: Priorität haben jetzt Sie selbst. Delegieren Sie so viel wie möglich, wagen Sie radikale Veränderungen. Nutzen Sie den Schock, den Ihre Krankheit bei Ihren Mitmenschen ausgelöst hat. Verharmlosen Sie das Signal Ihres Körpers nicht, weder vor sich selbst noch vor den anderen.

Daumen

Ändern Sie Ihr Leben wirklich. Lassen Sie sich nicht täuschen, falls Sie überraschend schnell wieder gesund werden. Die schlimmsten Fehler werden nach überstandenen Herzinfarkten, Schlaganfällen etc. begangen: Nur jeder Zehnte ändert nach einer schlimmen Krankheit sein Leben. Sehen Sie Ihren Daumen an: Das ist einer von zehn Fingern. Seien Sie dieser Zehnte!

Werner Tiki Küstenmacher, Jahrgang 1953, ist verheiratet mit der Autorin Marion Küstenmacher. Die beiden haben drei Kinder und wohnen in Gröbenzell bei München. Tiki ist gelernter evangelischer Pfarrer (seit 2006 im Ehrenamt) und Journalist. Außerdem ist er seit seiner Kindheit ununterbrochen als Karikaturist tätig. Bis heute hat er über 100 Bücher veröffentlicht. Das etwa 70. davon wurde ein Weltbestseller: »simplify your life – einfacher und glücklicher leben«, erschienen 2001. Tiki gehört zu den 100 meistgebuchten Rednern in Deutschland und ist der einzige Referent, der seine Vorträge mit live gezeichneten Cartoons untermalt. 2009 wurde er in die »Hall of Fame« der German Speakers Association aufgenommen. Er ist regelmäßiger Mitarbeiter des Bayerischen Rundfunks und des ZDF.

Literaturhinweise

Aufgelistet in der Reihenfolge, in der sie im Buch erwähnt werden bzw. dort als Grundlage dienen.

Werner Tiki Küstenmacher und Lothar J. Seiwert, simplify your life: einfacher und glücklicher leben. Knaur Taschenbuch, 2008.

Werner Tiki Küstenmacher und Ruth Drost-Hüttl, simplify your life. Monatlicher Beratungsbrief. Verlag für die Deutsche Wirtschaft AG, Bonn. Bestellbar über simplify.de.

Richard Reschika, Praxis christlicher Mystik. Herder spektrum, 2007. Dort ab S. 124: Die Hand als symbolische Gebets- und Meditationsstütze nach Mauburnus.

Chaval, Gesammelte Cartoons in 3 Bänden: Zum Lachen / Zum Heulen / Hochbegabter Mann. Diogenes Taschenbuch, 1974.

Jörg Weisner, Erfolgreiche Gewohnheiten: Vergiss Selbstdisziplin, erfolgreiche Gewohnheiten bringen dich voran. OG-Verlag, 2008.

Rainer Maria Rilke, Duineser Elegien. Die Sonette an Orpheus. Insel Taschenbuch, 1974.

Daniel Gilbert, Ins Glück stolpern: Suche dein Glück nicht, dann findet es dich von selbst. Goldmann Taschenbuch 2008.

Erhard F. Kurz, Das Muda Programm. Wertschöpfung am Arbeitsplatz. Verlag Langen/Müller 1997.

Milton Trager und Cathy Guadagno Hammond, Trager Mentastics – Meditation und Bewegung. Heyne Verlag, 2000.

Fred Luskin, Die Kunst zu verzeihen – so werfen Sie Ballast von der Seele. mvg Taschenbuch, 2003.

Wilhelm Schmid. Mit sich selbst befreundet sein: Von der Lebenskunst im Umgang mit sich selbst. Suhrkamp Taschenbuch, 2007.

Gustav Großmann, Sich selbst rationalisieren: Lebenserfolg ist erlernbar. Ratio-Verlag, 1993.

Martha Beck, Enjoy your life: 10 kleine Schritte zum Glück. Piper Taschenbuch, 2009.

Romano Guardini, Briefe über Selbstbildung. Topos Plus Taschenbuch, 2001.

Richard Koch, Das 80/20 Prinzip: Mehr Erfolg mit weniger Aufwand. Campus Verlag, 2008.

Johannes XXIII, Für das Glück geschaffen: Die zehn Regeln der Gelassenheit. St. Benno Verlag, 2011.

Impressum

© 2012 GRÄFE UND UNZER VERLAG GmbH, München.

ISBN: 978-3-8338-2605-4

Projektleitung: Nikola Hirmer
Lektorat: Ulrike Schöber
Umschlaggestaltung und Innenlayout:
Sabine Krohberger, ki 36 Editorial Design, München
Satz: Uhl + Massopust, Aalen, Ulrike Kiesel
Druck und Bindung: Firmengruppe Appl, Wemding
Repro: Repro Ludwig, Zell am See

Illustrationen: Alle Illustrationen im Buch
stammen von Werner Tiki Küstenmacher

2. Auflage 2012
www.graefeundunzer-verlag.de

GRÄFE
UND
UNZER

Ein Unternehmen der
GANSKE VERLAGSGRUPPE